湛庐 CHEERS

与最聪明的人共同进化

HERE COMES EVERYBODY

牛奶可乐经济学

Liberty，Competition，and the Common Good

4

[美]
罗伯特·弗兰克 著
Robert H. Frank

王堃 俸绪娴
康溪馨 译

THE DARWIN ECONOMY

浙江人民出版社
ZHEJIANG PEOPLE'S PUBLISHING HOUSE

序言

达尔文带来的经济学启示

作为经济学专业领域的学科，行为经济学在近几十年来的发展已呈脱缰之势。目前这个领域的学者主要致力于经济学和心理学的交叉研究，他们的大部分注意力集中于人们的判断和决策中存在的系统性认知偏差。正如已故的斯坦福大学心理学教授阿莫斯·特沃斯基（Amos Tversky）曾经常说的："我的同行们都在研究人工智能，而我呢，却在研究人们与生俱来的愚蠢。"

在 20 世纪 80 年代初，我教授了一门早期的行为经济学本科生课程。由于鲜有学生听说过这一新兴的学科，我面临的首要挑战便是想办法起一个能吸引学生注册的课程名称。最终，我决定称这门课为"对理性选择的背离"。那时候当然还没有什么标准的课程大纲。在经过一番思考之后，我决定将授课内容确定为两大主题：带有悔意地背离理性选择和毫无悔意地背离理性选择。

在第一个主题之下，我列举了关于人们易出现的许多系统性认知偏差的研究。例如，尽管标准理性选择模型认为，人们会忽略沉没成本，也就是在进行决策时已然无法收回的成本，然而这些成本却常常会对决策造成显著的影响。请设想，在你就要动身前往 80 公里外的体育场观看体育比赛或演唱会时，一场暴风雪意外降临。如果你买的票是不能退款的，那么票价理应不会影响你决定是否仍要开车前往。然而，相比于碰巧得到免费票的人，花费 100 美元购票的球迷或歌迷显然更有可能冒险开车过去，这些人很可能会因为自己的认知偏差而感到后悔。对基于这些偏差所做的决策，人们通常在意识到以后就会感到后悔。

在第二个主题下，我列举的是关于人们偏离标准理性选择模型的预期但并不感到后悔的行为的研究。这里，用于佐证的案例是人们如何在最后通牒博弈中对单方提议做出反应。在最后通牒博弈中，实验人员给一名被试（被称为提议者）一些钱，比如 100 美元，然后让他提出他与另外一名被试（被称为响应者）如何分配这笔钱。如果响应者接受，两人就会分别得到相应的金额。例如，如果提议者提出“我 60 你 40”，而响应者接受了，那么提议者得到 60 美元，响应者得到 40 美元。但是，如果响应者拒绝提议者的分配方案，那么这 100 美元就要归还给实验人员，两名被试什么都得不到。

标准理性选择模型认为，提议者会单方面提出自己得到 99 美元，而给响应者 1 美元的分配方案，因为他知道相比于什么都得不到，响应者出于对自己利益的考虑会接受这一方案。但是这样的提议很少出现，即使出现了，多数也都会被响应者拒绝。而且，拒绝单方提议的被试很少会因为这样做而感到后悔。

起初，行为经济学的研究大都集中于对理性选择带有悔意的背离，也就是由认知偏差导致的背离。曾在康奈尔大学与我共事的理查德·塞勒（Richard Thaler）曾与卡斯·桑斯坦（Cass Sunstein）合著了《助推》（*Nudge*）一书。这是一本 2008 年出版的畅销书，它总结了多种导致人们误入歧途的认知偏差，并指出政策制定者应如何重构环境以促成更好的决策。我强烈支持这本书中的几乎所有提议。

然而，我从一开始就认为，对理性选择没有悔意的背离会造成更大的损失。这是因为，一旦意识到认知偏差，人们通常有意愿并且有能力单方面进行纠正。相反，人们通常没有办法也没有动力纠正自己并不感到后悔的行为，即使这些行为会耗费大量的社会成本。

想想看，理性选择模型的标准假设是，决定任何物品满意度的首要因素是它的绝对品质。面试装显然不符合这一假设。如果你与其他几名资质差不多的申请者都想得到一份投资银行的工作，那么在面试时外表看起来不错对你来说将非常有帮助。但是“看起来不错”本来就是相对的，意味着相比于其他申请者看起来更好。如果他们在面试时穿的是价值 500 美元的正装，你穿的是 2 000 美元的而不是 200 美元的正装，那么你将更有可能博得有利的第一印象，并且更有可能赢得复试的机会。

在一些领域中，达成一些重要目标所需要的能力显然取决于相对付出，这时，亚当 · 斯密的“看不见的手”就失效了。尽管斯密的许多现代的忠实拥趸不加批判地积极鼓吹一些见解，但不受约束的市场常常不能成功地引导自利个体的行为，让其实现集体利益。恰恰相反，正如先驱查尔斯 · 达尔文清楚看到的，对个体行为的激励常常会导致浪费性的军备竞赛。

例如，达尔文明白了雌孔雀之所以会被雄孔雀显眼的开屏所吸引，或许是因为这样的展示是一种可靠的信号，体现了一种稳健的、可以遗传给后代的免疫系统，因为体内有寄生虫的雄孔雀会由于代谢问题而无法展示出修长又靓丽的尾羽。但达尔文同样意识到，炫耀自己尾巴的雄孔雀更易被天敌捕食，这样的展示对于整个物种来说是一种浪费。如果所有雄孔雀都只开一半屏，它们依然能吸引到原先的伴侣，同时也更不易被捕食。然而对于展示尾巴这件事，作为个体的雄孔雀没有理由后悔，因为如果不尽力展示，它获得配偶的概率就会大大降低。与此类似的是，如果所有求职者都花 2 000 美元买正装，相比于大家都买 300 美元正装的情况而言，一个人获得工作的机会并没有增加多少。但是这些求职者同样不会后悔购买更贵的正装。

这些都是集体行动中存在的问题，特别类似于军备竞赛的情形，与认知偏差无关。在正装上花费过多的原因与军费过度支出并无不同。在这些情况下，没有任何一个个人或国家可以通过减少支出而获益。

与此相反的是，如果个体是出于自己的认知偏差而蒙受损失，那么他们既有办法也有动力减少损失。他们可以通过一些方式搜寻更多的信息，例如聘请并咨询专业人士。他们也可以通过签订合约的方式来限制自己的行为，以免发生这些偏差。

集体行动的问题不仅很难通过个体解决，而且造成的损失远比认知偏差造成的要大。但是正如我接下来将要解释的，好消息是，许多由集体行动的问题导致的重大损失，都可以通过简单且不那么激进的税收政策来消除。在我解释的过程中，我将努力论证我的推测：100 年后的经济学家更可能将达尔文视作他们理论思想的奠基人，而不是亚当·斯密。

这么多年里，我读过或在现场听过许多作者的采访。令我感到惊讶的是，当被问及对青年作者的建议时，他们经常会回答“写写你知道的就行”。在一个早晨，我坐下来准备开始写作本书第 9 章（成功与运气）的内容，我心想：对于“成功与运气”我确实了解那么一些！

实际上，自从开始这本书的写作，我所经历的所有情绪中，最强烈的便是怀疑自己究竟能不能写成它。当然了，生活中充满了偶然事件，但是我真的太过幸运。

其中最突出的一段经历是这样的：我多年的好朋友兼同事汤姆·基洛维奇（Tom Gilovich）每个星期六早晨都会抽空跟我在纽约州伊萨卡（Ithaca）附近的室内网球场打一个半小时的球。大概在 2006 年的一个早上，在我们打第二盘前换场的时候，我突然感到一阵恶心。据说，我当时晕倒在球场上，失去了意识，也没有脉搏。

几天过后，我还躺在医院的病床上，主治医生告诉我，我所经历的是心搏骤停，他解释说，这几乎是致命的，而且绝大多数挺过来的人都会因此落下严重的残疾。

汤姆后来向我详细描述当时的情景。我昏倒后，他立刻喊了人帮忙，并叫了救护车。尽管他之前并没有接受过心肺复苏训练，但他曾经在电影和电视节目里看到过。他迅速将我翻身，开始使劲按压我的胸膛，虽然没有效果，但是他一直坚持这样做，他说，直到过了很久之后，我终于轻微地咳嗽了一下。

那个网球场位置偏僻，距离城镇有几公里远，不过附近碰巧在几分钟前刚发生过车祸。由于调度失误，有两辆救护车被派去了车祸现场，而不是只有一辆。就在第二辆救护车快要赶到的时候，司机接到指令，改变方向，开往网球场，在我晕倒后不久便到了，医护人员和担架都是现成的。

尽管我有几分钟缺氧，但重要的是，我在 4 天后突破万难出院了，而且没有留下任何后遗症。两星期后，我回到球场跟汤姆打球。恢复运动对我来说并不可怕，因为几天前我成功地通过了压力测试，再说，我也没有晕倒在球场上的记忆。但是我知道，这件事对汤姆来说并不轻松。

汤姆的妻子卡伦·基洛维奇（Karen Gilovich）是一名救生员，这与之前的巧合相比甚至不那么有戏剧性了。怀着深深的感激和欣喜，我将此书献给他们。

这本书的问世也要归功于我能够幸运地在康奈尔大学谋得职位。在我自 1972 年开始执教后不久，我得知自己正是当年被我所在的院系聘用的所有 7 名教授中的第 7 名。这个系其他几年的聘用人数甚至不超过 4 人。一位同事后来告诉我，当他支持聘用我为第 7 名教授时，脾气火爆的系主任因为更青睐另一个候选人而恼怒不已，向他丢了一支粉笔。那时候，我仅有的另一个工作机会来自中西部地区的一所不那么出名的大学，那所学校我随时可以去。

令我感到幸运的是，我不仅能够获得康奈尔大学的工作机会，而且还保住了这个职位。在我工作的第 4 年，我唯一发表过的文章还是由我与研究生院的同学合著的。就在那一年，后来成了美国联邦储备委员会理事的经济学家内德·格拉姆利克（Ned Gramlich）辞去了他在布鲁金斯学会的职务，来康奈尔大学经济学系访问了两个学期。我们很快成了好朋友，尽管我没有什么拿得出手的成果，他却似乎认为我有潜力。当他问我可否为他正在编辑的一本文集写一篇文章时，我很痛快地答应了。我迫切地想让他满意，就非常努力地写了那篇文章。

就在文章快要完成的时候，内德垂头丧气地向我道歉，说出版社取消了文集的出版。失望之下，我把文章投了出去，结果 6 个星期以后，《经济计量学》（*Econometrica*）接收了这篇文章。如今，该期刊已经成了经济学领域的重要期刊之一。对于经济学家来说，与有文章被收入一本文集相比，在这样的期刊上发表一篇文章在职业发展上具有完全不可比拟的优势。

我在 1977 年，也就是工作的第 5 年里的成果就多得多了，投了 5 篇文章，这在量上原本也于事无补，但我投出的每一篇都很快被《美国经济评论》（*American Economic Review*）、《政治经济学杂志》（*Journal of Political Economy*）等前沿经济学期刊接收，还免去了修订。自此之后的几十年里，类似的情况再也没有在我其他文章上发生过。我纯粹只是幸运罢了。

身为一名学者，有机会与优秀的学生和出色的同事共事是难得的幸事。能够在像康奈尔这样的大学度过我的职业生涯，极大地影响了我在专业领域所能学到的和做到的事。在其他领域，我当然也可以快乐地生活，却不一定能写出这本书。

我还想要感谢我的妻子艾伦·麦克莱斯特（Ellen McCollister），感谢她在我进入“写作模式”时表现出极大的耐心和支持。目前为止，她对此已经经历甚多了，但从未表现出厌倦。许多经济学家整天都在证明数学原理，而我喜欢写与人们的实际经历有关的事情，因为这给了我跟艾伦讨论并学习她的丰富洞见的机会。

还有很多人对我的写作提供了莫大的帮助。我要特别感谢：布鲁斯·布坎南（Bruce Buchanan）、加里·伯克（Gary Burke）、菲利普·库克（Philip Cook），泰勒·考恩（Tyler Cowen）、李·芬内尔（Lee Fennell）、特德·菲舍尔（Ted Fischer）、克里斯·弗兰克（Chris Frank）、赫伯特·甘斯（Herbert Gans）、史丽娜盖什·盖文内尼（Srinagesh Gaverneni）、汤姆·基洛维奇、马克·格罗杰（Marc Groeger）、玛丽亚·瓜达卢佩（Maria Guadalupe）、亨利·汉斯曼（Henry Hansmann）、奥里·费茨（Ori Heffetz）、莫里兹·霍伊默（Moritz Heumer）、鲍勃·霍基特（Bob Hockett）、格雷厄姆·科斯利克（Graham Kerslick）、马克·克莱曼（Mark Kleiman）、吉姆·勒基特（Jim Luckett）、戴维·莱恩斯（David Lyons）、迈克尔·马丁（Michael F. Martin）、雷克斯·米克森（Rex Mixon）、森德希尔·穆来纳森（Sendhil Mullainathan）、汤姆·内格尔（Tom Nagel）、马修·纳格勒（Matthew Nagler）、迈克尔·奥黑尔（Michael O'Hare）、萨姆·比齐加迪（Sam Pizzigati）、凯特·鲁宾斯坦（Kate Rubenstein）、蒂姆·斯坎伦（Tim Scanlon）、汤姆·谢林（Tom Schelling）、埃里克·舍恩伯格（Eric Schoenberg）、菲利普·西曼（Philip Seeman）、拉里·塞德曼（Larry Seidman）、彼得·辛格（Peter Singer）、杰夫·索默（Jeff Sommer）、蒂蒙·斯比勒提尼（Timon Spiluttini）、唐凯（Kai Tang）、史蒂夫·特莱斯（Steve Teles）、菲德尔·特沃尔德（Fidel Tewolde）、迈克尔·瓦尔德曼（Michael Waldman）、戴维·斯隆·威尔逊（David Sloan Wilson）、萨斯基亚·维特拉克（Saskia Wittlake）和安德鲁·怀利（Andrew Wylie），谢谢他们富有洞见的建议。当然，他们不必对本书的任何错误负责。

最后，我非常感激来自普林斯顿大学出版社的彼得·多尔蒂（Peter Dougherty）和塞思·迪奇克（Seth Ditchik），感谢他们在本书创作计划的早期表现出的热情和他们提供的睿智的建议，这些都有助于本书的成形。我最初选择的书名是“自由主义者的福利状况”。要说这本书能吸引到读者，我要感谢彼得和塞思（迈克尔 · 马丁也推了一把）劝我放弃了这个题目。

我原本想用的另一个书名是“达尔文之楔”，这最终成了本书第 2 章的标题。我喜欢它所表达出的个体利益和群体利益之间的分歧，这是我命题的主要基础，达尔文也清楚地知道这种分歧的重要性。我同时还想，正因为它不为人所熟知，所以才有一种朦胧的吸引力吧。某一天晚餐时，我征求几个朋友的意见。在朋友们发话之前，我的妻子说她首先想到的是“达尔文的高跟鞋”，引起了哄堂大笑。第二天早晨，我就发信息给彼得 · 多尔蒂，提议使用他最初建议的英文书名——The Darwin Economy。

考虑到环保的因素，
也为了节省纸张、降低图书定价，
本书编辑制作了电子版的注释及参考文献。
请扫码下载“湛庐阅读”App，
查看本书注释及参考文献内容。

测一测

你会用“博物经济学”分析问题吗?

扫码鉴别正版图书
获取您的专属福利

- 博物经济学家罗伯特·弗兰克喜欢在课堂上让学生以经济学的视角思考生活中的小问题。经过几年的积累，这些问题被收集成册，就成了《牛奶可乐经济学》的蓝本。这是真的吗?

  A. 真

  B. 假

扫码获取全部测试题及答案，
看一看你是否能像博物经济
学家一样思考问题

- 个体追求利益最大化总能带来群体的利益最大化，这是对的吗?

  A. 对

  B. 错

- 如果你比周围的人有钱，那么将有可能拥有更多的幸福感。这是真的吗？

  A. 真

  B. 假

扫描左侧二维码查看本书更多测试题

目录

THE DARWIN ECONOMY

THE DARWIN ECONOMY

01

迷恋往昔：现代经济为什么会增速放缓、遭遇危机

人们时常过分迷恋过往。然而有时候，从生活中的一些重要方面来说，现状确实不胜往昔。比方说，在第二次世界大战结束后的 30 年里，美国人的收入都以每年近乎 3% 的速率迅速增长。那时，中产阶级充满经济活力，道路和桥梁都维护良好，每年还会大肆兴建新的基础设施。约翰·肯尼迪总统强烈号召："不要问国家能为你们做什么，要问你们能为国家做什么。"这令美国人欢欣鼓舞。那时，人们坚信，美国能够在登月竞赛中拔得头筹。那时的人们是乐观的。

然而好景不长。在政府干预的几十年里，美国经济增速极其缓慢，只有那些收入处于顶端的人才赚得盆钵满盈。美国大型公司高管的薪水在此期间增长了 10 倍，而剔除通货膨胀的影响后，员工工资实际上却下降了，中产阶级大多负债累累。

在当时的美国，建设高速铁路系统、智能电网等紧缺基础设施的提案被一再搁置，已有的基础设施也因失修而日益破败。穷人和富人同样受颠簸的公路和危险的桥梁的困扰。供水和排水系统也频频出现故障。数不胜数的学校被废弃，许多美国人生活在因缺少维护而随时可能倒塌的水坝下。苏联削减了用于隔离未加妥善处理的核原料的开支。

更令人不安的是，即便是在这些紧迫的问题面前，美国政府似乎不能有所作为，几乎陷于彻底瘫痪的境地。之所以会如此，通常是因为他们刻意忽视了支配人类行为的基本事实和逻辑。

对此，一个有力的佐证便是美国没能解决由2008年的经济危机引发的失业“顽疾”。正如约翰·梅纳德·凯恩斯（John Maynard Keynes）在大萧条时期做出的解释：深陷泥潭的经济鲜能自行恢复。[1]他指出，消费者是不会带头刺激经济的，因为他们自己都还承受着债务的压力和失业的恐惧（如果还没失业的话）。投资者也不会带头刺激经济，因为大多数企业的生产已经过剩。最后，凯恩斯推断，政府才是唯一既有能力又有动力刺激支出，从而提振就业的角色。

人们普遍失业的情形，就像飞机每天起飞时座位还都是空的，没有任何价值。毫无疑问，必须采取一切办法避免这种浪费。然而经济刺激计划的批评者立即谴责政府支出本身就是一种浪费，他们无视了那么多迫切需要关注的好项目。例如，根据内华达州交通局的数据，如果立即修复80号州际公路上一段16公里的破损路面，将会花费600万美元；但如果推迟至两年以后才进行修复，那时气候和交通使用会对路面造成更加严重的损害，进行同样修复的花费将达到3 000万美元。[2]

在经济严重衰退的时期，人员和设备都被空置。同时，伴随着全球市场的萧条，生产所需原料的价格异常低迷，为这些项目融资的利率也接近历史最低水平。这些本都是亟待解决的问题，而且完全不需要额外的经济刺激。然而，无知极大地限制了当时的政治对话，政府因此无法有所作为。

反对经济刺激的人以担忧财政赤字为由支持政府不作为，但赤字是长期问题。没有人觉得基础设施的维护可以被永久拖延下去，这件事情越早做就越节省，长期来看反而会减少赤字。赤字当然是必须应对的问题，但要在经济完全恢复之后再应对。

同样是带头打着担心财政赤字过高的旗号而反对额外经济刺激的这些人，却投票支持削减美国国家税务局的预算。可信的证据表明，美国国家税务局的预算每减少 1 美元，就会减少 10 美元税收，导致赤字净增加 9 美元！这样的政策竟然会被众议院批准，意味着美国政府正渐渐成为一个无知的政府。在这样一个国家里，由无知导致的政治瘫痪，使人们应对哪怕是最为紧迫的问题都会受到阻碍。

同样是这些领导者，他们通过投票削减了对养育低龄儿童的低收入妇女的营养支持，削减数额超过了 10 亿美元，而且还减少了 0.7 亿美元的美国国家净水循环基金。这些计划原本不仅能够帮助有需要的人，同时也能杜绝日后代价高昂的问题。削减这些支出，只会增加未来的赤字，而不是减少赤字。

小布什总统针对最富有的美国人的减税政策计划于 2010 年取消，这些人在反对取消减税政策时竟也忘记了他们对财政赤字的担忧。许多富裕的人已经拥有了一辈子无法享尽的财富，延长减税政策的期限几乎无法产生刺激经济的效果。因取消减税而增加的政府收入，可以用来支撑更加有效的刺激措施，若将其补贴给各州，可能会帮助缓解大量教师、警察和消防人员的失业问题。然而，参议院少数党领袖米奇·麦康奈尔（Mitch McConnell）在美国有线电视新闻网的一档访谈中不无嘲讽地表示："在经济衰退期间增税可不是个好主意。"[3]

还有一个不那么紧迫但可能无比重要的问题：一直以来，针对全球变暖的消极科学预测不断增加，而美国政府对此的态度却是漠视，甚至是敌视。质疑气候变化的人通常合理化他们不作为的理由，那就是这些求变的呼声缺乏严谨的科学理论的支撑。但是，最杰出的科学家们也很快承认，他们的预测存在固有的不确定性。气温上升的幅度比预期要小当然是有可能的，但同样也可能更大，如果是后一种情况的话，极有可能是一场灾难。根据给出的气温可能增加的范围及其增加的概率，"不确定性"就是政府理应采取行动的最有力依据。

例如，2009年由美国麻省理工学院开发的知名的综合全球系统模型（Integrated Global Systems Model）做出预测，全球平均地表温度有10%的可能会在2095年上升6.67摄氏度以上。[4]这种幅度的温度增加最终将意味着地球上生命的终结。简单的政策措施就可轻松化解这一威胁，如对二氧化碳排放课以重税。如果分阶段逐步施行这一措施，人们就可以慢慢适应，而不用承受痛苦的牺牲。

任何理性的政策举措都可以迅速解决这一问题，但是掌控能源政策的议会领袖们甚至固执地否认问题的存在。富有经验的国会观察员表示，有意义的气候法案几乎不可能立即在美国参议院获得通过。在一个无知政权的领导之下，这样的立法在政治上显然是绝无可能的。

对片面的解释保持警惕

我们有必要对单一的解释保持警惕，然而我们忽视了这样一个事实的重要性：在最近30年中，有一种强大的文化共识在美国民众的头脑中已逐渐根深蒂固，那就是，“政府才是万恶之源”。美国自由主义者向来对政府滥用权力保持警觉，他们正是以上共识的核心宣扬者之一。尽管自由党历来人数较少，他们对公共话语却有着极大的影响，并且这一影响还在与日俱增。

自由党的影响力很大程度上源于他们为了散布“政府才是问题所在”这一信息所抛掷的巨额资金。比如，在《纽约客》杂志上刊登的一篇被广泛引用的文章里，简·迈尔（Jane Mayer）发现，身为自由党的亿万富翁、科氏工业集团掌门人查尔斯·科赫（Charles Koch）和大卫·科赫（David Koch）向极右翼智库捐赠超过一亿美元，这些智库成员是茶党（Tea Party）和其他一些团体的组织者，这些团体的使命便是宣扬“政府才是问题所在”的信息。[5]

鲁珀特·默多克（Rupert Murdoch）的福克斯新闻台尽管宣称公正无私，其实也在不遗余力地宣传同样的信息。在此之前，该频道接受了支持右翼智库的亿万富翁理查德·梅隆·斯凯夫（Richard Mellon Scaife）的巨额赞助。斯凯夫是《匹兹堡先驱评论报》（*Pittsburgh Tribune-Review*）的所有者，而且是梅隆家族财富的继承人。更早些时候，约翰·奥林基金会（John M. Olin Foundation）把将近4 000万美元分发给保守派智库、媒体，以及高校中的经济和法律研究项目，用于散播“政府才是问题所在，自由市场才是解决之道”这一观念。

总体看来，这些投入收效显著，助长了刚开始兴起但无处不在的愤怒，使政府几乎不能有所作为。当然，自由党说对了一点，那就是令人困扰的政府浪费由来已久。诚然，人们感激自由党对于个人自由被侵害和公共资金被滥用的警惕。但是，仅仅因为政府有缺陷就意味着多数美国公民想要彻底废止一切公共政策吗？毕竟，市场也并不完美，何况有许多重要任务只有政府才适合执行。国防便是一个鲜明的例子，除此之外还有公共基础设施的建设和维护，明确和落实产权亦属政府职责。

每一个运作良好的社会都有政府在经济和社会生活中发挥重要作用。在那些公民最为拥戴政府的国家中，公共物品和公共服务往往是最好的，腐败水平是最低的，人均收入也是最高的。相反，在那些政府最为弱势的国家，如索马里、海地或者苏丹，市场通常运作不良，人均收入极低，犯罪和暴力事件频发，公民们也认为自己的政府腐败无能。如果必须选择，多数美国人宁可住在新西兰也不愿住在海地。政府水平和影响力并非造成以上局面的唯一原因，却是重要的原因。

许多活动必须借助集体之力进行，这便意味着政府必须通过征税来为这些活动付费。自由党和其他反政府激进分子常常谴责强制征税是偷窃行为，但是没有一个政府可以仅依靠志愿捐赠就能正常运作。没有强制税收，就不会有政府。没有政府，就没有军队，没有军队的国家最终会被某些有军队的国家入侵。待尘埃落定之时，你就要被强制向那些国家的政府缴税。

如果我们只能生存在强制征税的政府之下，那么最好的选择就是创立一个能够运用我们的资金产生最大价值的政府。我们必须认真思考该如何设置和监督政府机构，深入探讨什么样的公共服务是自己想要的，以及如何为这些服务付费。然而目前为止，这些事情一件也没有进行。

一个资源丰富的国家，有着教育水平和生产力较高的劳动人口，在这样的国家中，一切不该如此。值得庆幸的是，要打破当前的僵局其实并非难事。这是因为造成当前这种局面的原因，并不是不可调和的价值观念的差异，而仅仅是对竞争机制的误解。

市场也会失灵

毫无疑问，亚当·斯密的“看不见的手”是名副其实的开创性洞见。生产者迫切地改良产品设计并进行降低成本的创新活动，仅仅是为了从竞争对手那里夺取市场份额和利润。短期看来，他们能够如愿以偿。但是竞争企业会立即效仿创新行为，由此导致的竞争将迅速使价格降至更低的水平。斯密认为，消费者会成为所有这些变动的最终受益人。

斯密的许多当代追随者认为他提出了更为鲜明的主张，那就是市场总会借由个体的自利实现整个社会的利益最大化。然而，斯密自己的阐述要谨慎得多。他写道：“追求利润的企业主只是谋取自己的利益，但无论怎样，他都会被一只‘看不见的手’引导着促成原本不在他意图之内的结果。对社会来说，不参与并不总是坏事。”[6]

斯密从未确信由“看不见的手”促成的结果在所有情形下都是好的。他的怀疑是显而易见的，例如，他写道：“哪怕只是为了娱乐消遣，从事相同行业的人也很少聚在一起，他们交谈的结果往往是针对公众的共谋，或者抬高价格的办法。”[7]对斯密来说，神奇的是这些自利行为通常会导致对社会有益的结果。[8]

如斯密一样，现代的进步批评家倾向于将市场失灵归咎于抑制市场竞争的阴谋。但是在斯密所处的时代，市场竞争要比现在更容易受到抑制。“看不见的手”面临的最大挑战在于竞争过程本身的逻辑。

达尔文是最早清楚地发觉问题症结所在的人之一。他的核心洞见之一是，自然选择对某些行为和特征的偏好主要依赖于这些行为和特征对生物个体的影响，而不是对群体的影响。[9] 他承认，个体和群体的利益在有些时候是一致的，在这种情况下，我们能得到类似“看不见的手”造成的结果。举例来说，一只鹰的基因突变带来的更敏锐的视力可以增加这只鹰自身的利益，同时，这一突变在鹰群中的扩散使鹰这一物种更加成功。

然而，在另外一些情形下，基因突变虽然对个体有所助益，但对群体来说却是极为不利的。在内部斗争激烈的种群中，基因突变的这种影响是必然的。雄性动物体形大小的演变便是佐证。多数脊椎动物是一夫多妻制的，意味着一个雄性个体可以与多个雌性个体交配。对这些雄性个体来说，关键是获得交配资格，因为一些雄性个体获得多个配偶就意味着另一些雄性个体得不到配偶，无法将自己的基因传递下去，用达尔文的话来说，它们会成为最终的失败者。因此，雄性会通过激烈的争斗来抢夺配偶也就不奇怪了。在这些争斗中，体形大小是很重要的，因此便有了进化的“军备竞争”，从而产生块头越来越大的雄性个体。

象海豹的演化是个极端的例子，但是颇具启发性。[10] 雄性象海豹的重量通常有将近 2.7 吨，是雌性象海豹重量的 5 倍多，相当于一辆林肯领航员越野车的重量。在交配季节，一对对成年雄性象海豹进行持续 1 小时的激烈斗争，直到一方落败，伤痕累累、精疲力竭地爬走。获胜者会拥有对将近 100 只雌性象海豹近乎排他的交配权。但是，尽管块头比对手更大使雄性象海豹个体更容易在争夺配偶的斗争中获胜，身躯过于庞大却会明显阻碍雄性象海豹群体的生存，因为这使它们更易受到鲨鱼和其他捕食者的攻击。

如果雄性象海豹有机会通过投票决定每个个体的体重是否减半，它们有充足的理由投赞成票。因为，在斗争中起到关键作用的是相对大小，而不是绝对大小，所以，对于特定的一对一的较量而言，这一改变并不会影响最终的结果，却会降低每个雄性象海豹个体被鲨鱼捕食的风险。然而，并没有切实可行的方法能让雄性象海豹进行这样的投票，每个雄性象海豹个体也不会单方面让体形变小，毕竟，体重比同类差太多的个体是永远无法与雌性进行交配的。

人类互相争夺奖励时也普遍存在类似的冲突。托马斯·谢林（Thomas Schelling）举了一个著名的例子[11]，借以说明这些冲突的实质。谢林发现，冰球运动员可以自由选择在冰场上是否要戴头盔，但他们总是不戴头盔，而如果可以对此进行投票选择，他们反而会支持制定规则要求他们戴头盔。这使谢林感到疑惑：如果头盔这么重要，他们直接戴上不就得了？为什么还需要制定规则呢？

谢林为了解决他的疑惑而进行了观察。他发现不戴头盔能带来一些竞争优势，可能是不戴头盔可以使运动员看或听得更清楚，也可能是不戴头盔使他们可以恐吓对手。获得竞争优势的吸引力胜过了不那么实际的利益，也就是降低受伤的概率，因此运动员们欣然接受了随之而来的额外风险。问题在于，当每个运动员都不戴头盔时，并没有人取得相对优势，所以才需要外在的规则。

正如谢林所阐明的，冰球运动员遇到的问题与信息不完全、缺乏自控力或者认知能力不足无关，这些缺陷往往成为政府干涉的依据。[12] 显然，问题也不是由剥削或其他不完全竞争造成的。相反，这正是再平常不过的集体行动的困境。运动员们支持戴头盔的规定，因为这是唯一可以在比赛中确保他们的安全的途径。像在更衣室放一块牌子，提示大家戴头盔可以降低重伤风险这种简单的“助推”是无法解决问题的。他们需要的是强制性的规定。

自由主义者对此表示不满，认为这一规定剥夺了个体自由选择的权利。这又该如何应对呢？这种反对就类似于反对军备控制协议，因为这剥夺了协议签署方选择军备投入的权利。当然是这样，但是这就是协议的关键所在啊！处于集体行动的困境中的各方，往往会意识到：只有约束他们各自的行动，才能实现想要的结果。

约翰·斯图尔特·穆勒（John Stuart Mill）曾在他所著《论自由》（*On Liberty*）中提出，只有在没有其他干涉性更低的办法来避免伤害他人的情况下，才可以限制个体的行动自由[13]。戴头盔的规则似乎是满足这一条件的。不戴头盔的运动员会给对手造成威胁，降低对方赢得比赛的可能性，这对他们来说是至关重要的。如果戴头盔的规则反而带来更大的伤害，就不会有人支持了。不过这是一个简单的实际问题，并不涉及深刻的哲学原则。

回报取决于相对优势的情况会催生集体行动的困境，从而导致市场失灵。例如，在达尔文学说中的军备竞赛里，造成个体与集体利益冲突的隔阂，同样可能解释为什么“看不见的手”在工作场所中无法自行实现最大程度的安全。传统的“看不见的手”理论的出发点基于这样的观察：其他条件保持不变的情况下，更危险的工作会带来更高的收入，一是因为雇主节省了安装额外的安全设施的花费，因而能够支付更高的工资；二是因为人们一般偏好安全，倾向于选择更安全的工作，除非做更危险的工作确实能赚得更多。根据“看不见的手”的一般原理，员工之所以会为了更高的工资收入而选择接受更低的安全保障，是因为额外的收入足以补偿安全性的降低。但是这一论述的前提是，对额外收入的价值衡量仅仅基于其所增加的绝对消费量。然而，如果一个员工可以获得更高的收入，他还可以获得其他收益。他当然可以增加绝对消费量，但与其他人相比，他的相对消费量也更多。

例如，多数家长都想把孩子送进最好的学校。一些人可能为了支付更好的学区房的月供，接受薪水更高但更危险的工作。然而，其他员工也是这么想的，学校质量是一个内在的相对概念。因此，如果其他员工也通过牺牲安全来换取更高的工资，最后的结果只会是哄抬了好学校附近的房价。最终，每个人的工作安全性都会降低，然而没有人可以实现自己最初甘愿牺牲安全所想要达到的目的。同样，在军备竞赛中，当各方都大肆置办武器时，没有任何一方会比以往更加安全。

在这种情况下，员工可能更希望世界是一种人人都更加安全的状态，即便这意味着工资水平更低。但是，每个员工只能掌控自己的工作选择，而无法左右他人。如果一个员工选择了一份更加安全的工作，而其他人并没有这样选，那么这个员工将被迫把孩子送进差一点的学校。如果想得到他们所希望的结果，这些员工就必须联合行动。此时，轻微的助推仍旧不会有效果。仅仅知道自己可以选择不采取某种行为，也不能消除促使个体这样做的动机。

没有约束的自由不是自由

我最初了解穆勒的思想是在高中时代，他在文章中写道，限制个体自由的唯一合理性在于避免对他人的伤害，对此我到现在都十分认同。尽管穆勒不是自由主义者，但自由主义者们却对他表示赞同，常常引用他的这一观点。[14] 然而，那些对自由的合理约束，要远比自由主义者和其他反政府激进分子预想的更多。

针对美国经济重回正轨所需要采取的政策，最激烈的反对意见来自自由主义者和其他右派人士，因此我们应该仔细研究这些人的论点。不同于多数的左派批评人士，我在一定程度上同意自由主义者们对世界的最重要的基本假设：市场是竞争性的，人是理性的，政府在约束每个公民行动的自由之前必须充分证实约束的合理性。尽管每个假设都有待商榷，但即便人们全盘接受这些假设，它们之间存在的内在矛盾也是显而易见的。

这个理论框架的致命缺陷在于一个本身毫无争议的论述，那就是在生活的许多重要领域中，表现的优劣取决于相对标准。比如说，一名职业网球运动员的收入水平，并不取决于他在绝对意义上的表现，而是取决于他在职业比赛中相对于其他选手的表现。回报取决于排名这一事实推翻了个体与集体利益一致的预设，而自由主义者所说的完全不受约束的市场体系的基础也随之瓦解。

并非只有反政府激进分子误解了市场交换的逻辑。许多进步思想家长久以来持有的观念也与这一逻辑存在冲突。尽管这些进步思想家指出的经济和政治体系的缺陷是真实存在的，但是他们弄错了造成这些缺陷的原因，因此也常常搞错了应对这些缺陷的最佳途径。

例如，许多左派批评家把市场失灵归咎于不充分的竞争，但是这一问题本身就是市场竞争的一个基本属性。如今市场的竞争前所未有地激烈，却无益于缩小市场失灵的范围，反而起到了推波助澜的作用。

棘手的间接伤害

令我和自由主义的朋友很容易产生分歧的问题是，什么会对他人构成危害。我们都认为政府对盗窃他人财产或向他人施以暴力等行为的限制是合理的，但真正棘手的是一些间接形式的伤害。

比如，尽管使用合成类固醇的短跑运动员甚至没有与离他最近的对手产生肢体接触，却使对手付出了巨大代价。对手可以选择不使用合成类固醇，并因此输掉比赛，从而使自己付出大量时间和努力却一无所获；这位对手也可以选择使用合成类固醇，恢复自己的竞争优势，由此招致严重的长期健康风险。无论做出哪种选择，最初使用合成类固醇的运动员都会给他造成相比于人身袭击或丢失自行车更重大的伤害。

然而，许多自以为是的自由主义者依然坚持认为运动员有权选择是否使用提高成绩的药物。但是，为什么这项权利要凌驾于其他人避免因此而受到伤害的权利之上呢？仅仅因为伤害是间接的，这种伤害就可以打折扣了吗？

穆勒的伤害原则如果要保持一致性，就必须考虑间接形式的伤害。我对什么会给他人造成伤害的定义可能对有些人来说太过宽泛，但是，即便是从自由主义者的立场也很难驳斥这一定义。就算自由主义者完全可以自由地同他人一起建立想要的任何类型的社会组织，他们也会选择同等对待直接伤害和间接伤害的社会。这有时会让人疑惑，因为相比于直接伤害，间接伤害通常更难以衡量。但是，有时直接伤害也是很难衡量的，而即便是在这样的情况下，一般也不会有人质疑将直接伤害纳入考量。

最根本的问题在于，如果有人对什么会对他人造成伤害进行了合理的定义，那么现代化工业国家的监管机构就将与穆勒的伤害原则保持一致，实际上这也正是穆勒原则要求的。

只有抛弃错误认知才能解决问题

错误认知制约了政治讨论，这对解决重要问题形成了阻碍。如果我可以摒弃这些认知，许多问题就没有看上去那么棘手了。

例如，迅速增加的财政赤字并没有看起来那么难以克服。仅凭削减支出并不能减少赤字。美国在生育高峰期出生的一代人即将退休，选民们也不支持减少在社会保障与医疗保险上的投入，人们必须同时增加额外收入。好消息是，这并不需要任何人做出牺牲，但前提是美国国会愿意从根本上重新设计税收制度。尽管茶党及类似群体公开反对一切形式的征税，但其实许多税收会让美国变得更富裕，而不会变得更贫穷。国家的发展更多依赖于这些税收。

对一项活动征税不仅能增加收入，同时也会抑制这项活动，税收抑制经济发展的观点也基于此而产生。对于一些有用的活动来说，通常如此，这些活动是当前税收收入的首要来源。例如，工资税会抑制创造就业，所得税（也是一种储蓄税）会抑制投资。

当征税对象变成那些会对他人造成伤害的活动时，情况正好相反。驶入拥挤的高速公路会延缓大家的行进，给他人造成上千美元的损失，但高速公路相比于其他道路节省的时间微乎其微。购买重型汽车会使他人面临风险，其实轻一些的车型照样可以满足人们的需求。

对有害活动征税可以达到一石二鸟的效果：在筹集急需资金的同时，还可以抑制这些弊大于利的活动。

反政府分子明确地将这类税收指责为“社会工程”，试图“控制我们的行为，操纵我们的选择，以及改变我们的生活方式”[15]。例如，政府为了减轻对外国石油的依赖而征收汽油税，总会招致这种指责。

这样的抱怨是很空洞的，因为几乎所有的法律、法规都是社会工程。禁止杀人和偷窃的法律旨在控制人们的行为，操纵人们的选择，并改变人们的生活，因而就是社会工程。同样还有噪声条例、速度限制，乃至停车标识和交通信号灯。社会工程是不可避免的，因为如果没有社会工程，狭隘地追求个人利益的行为会给他人造成无法接受的伤害。只有坚定的无政府主义者才会支持一个没有社会工程的世界。

如果彻底禁止有害行为是可以接受的，那么为什么基于同样目的的税收不可以呢？事实上，在抑制这些有害行为的方法中，相比于法律和法规，税收的成本和强制性都更低。那是因为，税收对危害的抑制作用主要依赖于那些更容易改变行为的人们。

例如，如果政府对污染征税，那些能以最低的成本减少污染排放的企业会抢先采取减污的举措，从而避免被征税。同样，如果政府按重量对汽车征税，那些更容易换成轻型汽车的人就会换一辆，其他人则会觉得缴纳税收更划算一些。

会对他人造成不当损害的行为还有很多。酗酒会增加其他人遭遇车祸的概率，吸烟会使他人患相关的疾病，排放二氧化碳会加剧气候变化带来的损害。

对有害活动征收的每 1 美元税都会相应地减少对有益活动的征税。由此获得的资金不仅可以削减财政赤字，而且可以降低工资税。削减这部分税收可以刺激就业，使低收入家庭担负得起对有害活动新征的税。

当然，无论何时，都应尽量减少政府支出的浪费。国防支出和石油公司的补贴都没有受到预算削减的影响，同样还有臭名昭著的乙醇补贴项目。这类项目需要更仔细的审查。

我要再次强调，未经恰当考量的支出削减通常是弊大于利的。久久不对高速公路进行维护，实际上会增加未来的财政赤字，因为随着维护的不断延迟，成本会急速累加。

对危害性活动征税是削减支出、筹集必要的资金的最佳途径。只有认为人人都有权利对他人造成伤害的人，才会认为这侵犯了所有人的权益，因而反对征税。并且，由于这些税收会使国家的“经济蛋糕”变大，我们更不应以无法承受其代价为由而反对。

只有在经济恢复到充分就业的状态之后，才应分段征收这些新税。但是即使在 20 世纪 50 年代联邦税收最低的时期，如果当时的美国领导者仍坚持认为一切税收都是罪恶的，政府就不太有意愿征收新税。

这样转变税收政策可以增加人们的可支配资源。用不着任何牺牲，人们就可以创造绰绰有余的收益，从而消除政府债务，整修长期被忽视的公共基础设施。

这是一个大胆的观点。但是在本书中你将会看到，这一观点直接来源于人们已经熟知的逻辑和事实。简单来说，好消息是，每个能够清楚地了解并聪明地应对有害行为的社会，存在大量可供驱遣的闲置资金。

THE DARWIN ECONOMY

THE DARWIN ECONOMY

02

达尔文之楔：竞争无法弥合个体与群体的利益分歧

我生于1945年，像我这个年纪的人如果要预测100年后将会发生的事情的话，到那时，就算预测失败，作古之人也用不着担心会被朋友取笑了。如此，我便斗胆做出如下预测：一个世纪以后，如果问及一众经济学专家谁才是经济学之父，多数人的回答将是达尔文。

如果在今天来提出这个问题，显然我的经济学同僚中会有超过99%的人推举亚当·斯密。对我个人而言，我对达尔文的推崇丝毫不影响我对斯密的赞赏。恰恰相反，翻开这位18世纪英国道德哲学家的杰作——《国富论》中的任意一页，我仍然会惊讶于他广博、深刻的洞见。

达尔文自然非等闲之辈，然而鲜有生物学和经济学领域之外的学者将他的名字与经济学的观点联系在一起。精通达尔文进化论的人会发现，他实际上深受托马斯·马尔萨斯（Thomas Malthus）和大卫·李嘉图（David Ricardo）的著作的影响。马尔萨斯曾是斯密的学生，而李嘉图则深受《国富论》的影响。因此，即便我的预言成真，斯密的拥趸照样可以视斯密为经济学的“祖父”。

我所做预测的依据是达尔文和斯密有关竞争过程的观点之间微妙但至关重要的区别。如今，斯密以其“看不见的手”这一理论而闻名，据其现代的信徒们所述，该理论认为客观的市场力量可以引导贪婪的个人行为，实现整体利益的最大化。就像我在第 1 章中提到的，这样的界定是过于简化的，但是它捕捉到了斯密理解竞争过程的重要维度。不管怎样，对于反政府干预者来说，“看不见的手”理论对于不受管制的市场运行结果的乐观描绘，便是他们世界观的基石。这些人认为管制是不必要的，因为他们相信不受管制的市场可以良好地自行运转。

达尔文关于竞争过程的观点则截然不同。他的观察使他相信，个体动物的利益与其族群更广泛的利益存在深刻的冲突。我预测，迟早有一天，“看不见的手”将只会成为达尔文更普遍的理论中的一个特例。许多自由主义者笃信的理念，尽管可以在斯密的理论框架下说得通，却并不兼容于达尔文的体系。

“看不见的手”是一个非凡洞见

尽管如此，“看不见的手”理论仍是革命性的天才之见，现在看来更是如此。厂商为什么会乐此不疲地根据消费者的喜好设计新产品？又为什么会为削减成本而改进生产流程？在斯密及他之前的许多人看来，这背后的动机显然只是赚更多钱。而其他人没有清楚看到的，则是这些行为激起的竞争者的反应，以及由此引发的动态机制会如何导致完全有异于初衷的结果。

如果一个生产者找到更省钱的生产方式，他便可以稍稍降低价格，继而抢占竞争对手的市场份额。在短期内，他获得的利润会如愿飙升，但是市场份额的丧失会强烈刺激竞争厂商模仿其创新行为。一旦这种行为蔓延至整个行业，由此产生的竞争会驱使价格降至仅比最新的更低的生产成本高出一点点。这一变动过程的最终受益人便是消费者，因为他们能以越来越低的价格享受越来越好的产品。

《国富论》出版于1776年，距今不足250年的历史，斯密的“看不见的手”是多么非凡的阐述！激发了斯密的深刻思考的这一规律，数以千计的杰出头脑也曾在更早时候观察到过，然而竟没有一人意识到其重要性，亚里士多德没有，哥白尼没有，牛顿也没有。

斯密很清楚，不加监管的市场并不总会产生好的结果。他关注的市场失灵多半涉及占有支配地位的市场领导者的卑劣行径。对此，他写道：

> 扩张市场和缩减竞争总会符合那些以利润为生的厂商的利益。这只代表人群中的某个阶级，而这些人的利益从来都不与公众利益完全一致，他们的利益通常来自欺骗乃至压迫公众，在许多情形下两者兼有。[1]

在斯密看来，市场失灵是由于缺乏有效竞争：厂商可能会在产品质量上欺瞒消费者；或者试图降低价格，以便将竞争者驱逐出市场，一旦成功后就重新抬价。这种混乱在斯密所处的年代屡见不鲜，现在尽管已经不那么常见了，却依然存在。

左派的社会批评家长期以来致力于通过非竞争行为来理解市场为何失灵。例如，美国经济学家约翰·肯尼斯·加尔布雷斯（John Kenneth Galbraith）曾强调，亚当·斯密的信徒们所设想的“传统秩序”与斯密所认为的能够更准确地描绘现代市场的“修正秩序”之间存在差异。[2] 在传统秩序下，进入市场的消费者具有完备的偏好，而厂商则以尽量低的代价满足消费者的需求。但是在加尔布雷斯的修正秩序下，具有影响力的厂商首先会考虑提供最容易生产和获利的产品，并雇用美国广告业的营销商们来说服消费者购买这些产品。

许多经济学家对这一主张持质疑态度，并举出一些企业失败的典型案例，比如在加尔布雷斯所处时代的福特埃德塞尔型汽车。[3] 福特汽车公司在 1957 年 9 月大张旗鼓地推出这一车型，该车型以亨利·福特的儿子埃德塞尔·福特（Edsel B. Ford）命名，其高额的宣传预算中还包括一档广受欢迎的电视特别节目《埃德塞尔秀》（*Edsel Show*）。然而这从未真正点燃消费者的购买热情，这款车在 1960 年便停产了。

就在几年前，微软公司花费将近 10 亿美元开发了一款针对青少年的智能手机 Kin。这款手机在 2010 年 4 月正式进驻商店，却在仅仅 45 天之后就因为滞销而被匆匆撤掉。

尽管存在这些失败案例，广告宣传对消费者偏好的影响仍是毋庸置疑的。但是在那些质疑市场的人看来，宣传的魔力是一柄双刃剑。驱动“看不见的手”的力量是人的贪婪，如果生产者能够以虚高的价格出售次等的产品，他们绝不会放过这样的机会。如果竞争厂商使消费者以为买到的是更好但更便宜的产品，厂商们就可以赚很多钱。现在广告宣传的目的正在于此。如今的市场竞争显然远不够充分，但是相比于亚当·斯密的年代已经非常接近于无摩擦并且信息完全的理想状态了。

竞争的缺陷

达尔文关于竞争的理念并非来自厂商之间的互动，而是来自动植物种群中个体之间的相互作用，他意识到这两个范畴之间有着深刻的相似性。达尔文的分析揭示了竞争机制的缺陷，但这并非由于竞争不充分，而恰恰是源自竞争过程本身的逻辑。他的理论的核心前提是，自然选择只对能促进繁衍的个体性状变异有利。如果一种性状使个体可以更好地生存和繁衍，这种性状就会被选择，否则，就会逐渐消失。达尔文认识到，在许多情况下，对个体有利的变异同样也会有利于种群的利益。但是，他也同时看到，许多增进个体利益的特性却会对种群造成损害。

瞪羚的奔跑速度属于前一种情形。成年瞪羚的长途奔跑速度可保持在每小时 48 公里，而其短时爆发速度可达到每小时 96 公里。瞪羚的速度是如何变快的？站在进化的角度，跑得更快似乎是更好的，但事实并非如此，不然所有的种群都应该跑得更快才对。绦虫的行动是很慢的，毕竟在它们的生存环境中，速度快慢并不那么重要。瞪羚之所以跑得快，是因为在其进化环境中，跑得快是生存的决定性因素。在瞪羚的天敌中，非洲猎豹的速度是非常快的，并且在两者生存的地域中很难找到藏身之处。因而对于现代瞪羚的祖先来说，跑得慢意味着更容易被捕食。

促使瞪羚跑得更快的选择压力来自被天敌捕食的威胁，因此更快的奔跑速度对瞪羚个体和整个种群都是有利的。[4] 在一定程度上，跑得更快对于所有个体和种群都是有利的。在速度这一特性上，达尔文的自然选择理论与斯密“看不见的手”理论中关于节省成本的创新行为和设计更有吸引力产品的行为的论述是一致的。

然而，还有其他一些特性，在增进个体繁殖适度的同时却会给整个种群造成损害。这种冲突往往体现在能够增加种群内部个体一对一竞争优势的特性上。

一个例子是雄性麋鹿大到异乎寻常的鹿角。这些作为武器的鹿角并非用来对抗天敌，而是用来与其他雄性麋鹿争夺雌性麋鹿。在这样的争斗中，起到关键作用的是鹿角的相对大小。导致鹿角变大的突变使雄性个体更容易击败它的竞争对手，获胜的雄性麋鹿取得了与雌性麋鹿的交配权，其后代便也带有这种突变特性，因此，这种突变就会很快扩散开来。更多的特性随着一代代的繁衍而逐渐积累，形成一场“军备竞赛”。这一过程似乎已经稳定了下来，目前北美雄性麋鹿最大鹿角的长度超过 1.2 米，重量超过 18 千克。

尽管在这一进程中，每种基因突变都增进了个体的繁殖适度，其累积效应却使麋鹿群体的情况变得更糟。例如，庞大的鹿角使雄性麋鹿在繁密树林中行动受限，因此更容易被狼捕杀。鹿角相对较小的雄性个体会更容易从捕食者那里逃脱，但是由于它在与其他雄鹿的斗争中具有先天的劣势，它也很难将小型鹿角的基因传递给下一代。

简而言之，雄性麋鹿面临集体行动的困境。鹿角较大的个体更容易赢得战斗，使对手更容易输掉战斗。因此，更大的鹿角给个体带来的收益远远超过群体。如果每只雄性麋鹿的鹿角都变得更小一些，那么整个群体将会获益。

之所以会存在个体和群体之间的冲突，是因为繁殖适度是一个相对概念。能够在自然选择中胜出的，是具有相对优势的特性。并非任何有用的基因变异都可以在种群中得到扩散，它还必须在与其他变异的竞争中胜出。通常，如果进化中的一个特性有助于个体战胜种群内的其他个体，那么它对整个种群来说就是一个缺陷。在生存竞争的每一个阶段，相对优势使个体之间互相淘汰，最终，当这场竞赛平复下来时，整个种群的发展却会面临阻滞。

我计划以自由主义者的基本主张为起点进行探究，这些“热爱自由”的人们，在这样的主张下，会选择什么样的政府。对此，达尔文的核心见解可以提供许多关键思路。自由主义者的选择显然有赖于他们对自由竞争市场的期待，而他们的期待一直受到斯密“看不见的手”理论及其对完全竞争的假设的引导。传统的市场怀疑论者担心的竞争障碍在达尔文关注的自然环境中几乎完全不存在，然而达尔文对于竞争过程的见解本身就为市场怀疑论提供了有力支撑。更深入地研究这种见解如何动摇“看不见的手”的解释，是很有意义的。

自由主义者对不受管制的市场的信念建立在几个前提之上，其中最重要的两个是：消费者拥有完全的信息，以及市场是竞争性的。我们必须逐字逐句地仔细研究，才会发现达尔文的理论框架对这两个前提构成的挑战。当然，面对数百万的商品和服务，消费者不可能了解所有可行的选项。但是消费者对于可能重要的选项，可以说是相当了解的，或者他们可以选择去获取这些信息。同样，没有一个市场可以满足完全竞争的严格条件：市场出入完全自由，有大量的生产同质、标准化产品的企业，每个企业只占据市场份额的一小部分。然而，多数市场可以被视作是竞争性的，因为如果出现更好的机会，一些企业主最终会做出改变，并吸引消费者的注意。

简单来说，达尔文所带来的挑战无关乎传统市场怀疑者所主张的市场竞争不充分。如果自由主义者要授权政府来管理企业，原因也不会是竞争不充分。

但是，亚当·斯密的“看不见的手”理论同样需要一些额外的假设，而已有的事实会使任何理性个体质疑这些假设。第一个假设是，面对众多选择，人们会理性地思考相应的成本和收益。第二个假设是，就物质资源对人们幸福感的影响而言，重要的是绝对收益，而非相对收益。有力的证据表明，这两个假设都失效了，从而削弱了“看不见的手”理论的效力。你们会在本书中看到，第二个假设的失效所造成的问题尤其严重。

至于第一个假设，大量研究表明，人们并不像传统理论中所说的那样在意成本和收益[5]。比如说，对于立即会造成影响的成本和收益，哪怕再小，人们通常都会十分在意；但对于不确定会产生或者延迟很久才产生的成本和收益，即便再高昂，人们也会不为所动。通常，人们对收益和损失的态度也存在差异。这种不对称性本身并不意味着非理性，但是这种差异通常会导致对决策者来说不好的结果。

理性假设失效了，于是人们授权给政府，由政府采取各种措施重整决策环境，以使人们做出更好的选择。但是我在此不会阐释政府会如何应对这些假设的失效，这不是本书的主旨。塞勒和桑斯坦在他们合著的《助推》中早已对此进行了全面的论述。我要关注的是，如果一个自由主义者相信，在经济决策中，人们更关注的是他们的相对处境，那么当这位自由主义者拥有完全的决定权时，他会选择什么样的政府？我们将会看到，这些讨论并没有偏离理性思考。

成为更好的，而不是最好的

正如达尔文清楚看到的，我们的生命在很大程度上被置于一条相对地位的评价曲线之上。一种有益的基因突变不仅应有助于个体繁殖大量后代，而且必须使该个体比不具有这种基因突变的竞争对手能产生更多后代。因此，繁殖适度是一种典型的相对概念。能够生存和繁荣的，不必是宇宙中最强壮的、跑得最快的或者最聪明的个体，它可能很脆弱、行动迟缓、头脑愚笨，但真正关键的是，它能够在种群内争夺资源的斗争中胜出。

为了做到这一点，它的神经系统必须接收有关周围环境的信息，预测不同的行为在多大程度上能实现相应的目标。但同时，神经系统还必须执行另一项重要的任务：对这些目标进行排序。哪些目标是最为重要的？在紧急情况下，又该放弃哪些目标？

只有了解了人类的动机结构，我们才能对市场的运作机制有所了解。人类的大脑经历了数百万年的进化，人类的动机便蕴藏其中。每一代人类大脑最直接的目的是指导个体做出最有利于将基因蓝图传递给下一代的行为。在解释人和其他动物的行为动机的理论框架中，达尔文提供了唯一具有科学性的框架。

将大脑视作一个进化完成的器官并不意味着否定文化对人类行为的重要影响。很显然，人类的演化及人类文化的演化是同时发生的，相互之间存在显著影响。[6] 许多人认为，进化而来的大脑是人类动机系统的硬件，而文化则是软件。[7] 正如这一观点所强调的，人类动机异常复杂，并且是多维度的。

经济学家们通过建立模型来解释市场的运作方式时，不得不进行一些简化，但是有些简化过于极端了。例如，多数经济学家假设人是纯粹自私的，但其实存在极有说服力的事实表明人们拥有超越狭隘的个人利益的动机。[8]他们还认为人们从消费中获取的满足感仅仅取决于消费的绝对量，然而，同样有极具说服力的事实表明相对消费量也很重要。[9]

由于繁殖优势总是首先取决于资源的相对占有情况，大脑必然会关注相对地位。包括早期的人类社会在内，多数脊椎动物群体是一夫多妻制的，这意味着雄性个体可以占有多个配偶。在这样的群体中，地位高的雄性个体拥有多个配偶。在这种“抢椅子”游戏的逻辑下，地位低的雄性个体总是什么都得不到。

饥荒是人类进化过程中时常面对的生存威胁，但即使在饥荒最严重的时期，也总会有些食物的。谁可以获得这些食物几乎总是取决于相对收入。那么现在看来，在人类种群中，最穷的个体最有可能饿死。

在这种背景下，请你设想两种基因变异：一种变异下的大脑极为关心相对地位，另一种则完全相反。一般来说，一个人越在乎某物，就会动用越多的脑力和体力来获取它。因此，更关心相对优势的个体更可能尽一切努力获取和维持较高的地位。这会使这些个体更有可能在饥荒中存活下来，并成功繁衍，从而增加他们的基因在下一代中出现的概率。

当前的环境自然与我们祖先生活的时期截然不同，但是相对地位依然重要，这通常是站在工具理性①的角度来说的。例如，你要去参加工作面

① 通过实践的途径确认工具（手段）的有用性，从而追求事物的最大功效，为人的某种功利目的服务。——编者注

试，打算穿得得体一点，但是衡量看上去是否得体的标准几乎都是相对的。有些面试官可能并没有意识到求职者们的穿着有什么不同。然而，如果你穿的是价值 500 美元的套装，而其他求职者的衣服只有 200 美元，相比于他们穿 2 000 美元的套装的情况而言，你将更有可能得到下一轮面试的机会。正像前面讨论过的，想要把孩子送到好学校的家长，必须出价高于其他家长才能获得好学校附近的住房，相对收入几乎是决定他们能否这样做的唯一因素。这里再次体现了“抢椅子”游戏的逻辑：不管人们赚多少钱，只有一半的孩子可以进入排名在前一半的好学校。

幸福感大部分取决于相对收入水平

有经验证实，许多消费经历带来的心理反应极大程度上取决于所处的环境。例如，有些人通过飙车获得乐趣。但是多快的车速可以带来这种乐趣呢？如果不考虑相关情境，这个问题是完全没法回答的。在 20 世纪 20 年代，速度能达到每小时 96 公里的汽车已经很快了。现在，随着时间的推移，速度的标准发生了相当大的变化。

我的第一辆跑车是 1955 年款福特雷鸟。这辆车的引擎是 V 型 8 缸引擎，体积为 4.79 立方分米，功率将近 150 千瓦，可以在 11.5 秒内使车的速度由 0 增至每小时 96 公里。我永远不会忘记那时候这有多快。2010 年前后，我开的是 2001 年款马自达米亚达系列，可以在 6.5 秒内提速至每小时 96 公里。接近于性能极限的是 2011 年款保时捷 911Turbo 系列，可在 3 秒内达到同样的速度。这个速度真的很快，但是不会永远如此。

对相对地位的重视是人类大脑进化的一部分，这一假设不仅可以得到现实经验的验证，对于所处环境中的相对地位的特定的神经生理学反应也可以作为证据。比如，相对地位似乎与血清素浓度之间存在相互影响，血清素可以调节情绪和行为。在一定限度内，血清素浓度的升高可以提升幸福感。像百忧解这样广泛用于治疗抑郁症或其他情绪失调的药物，便能有效提升脑内血清素的浓度。

在雄性体内，性激素睾酮的浓度与相对地位之间也有类似的关系。血浆睾酮水平会随着相对地位的下降而下降；而随着相对地位的上升，血浆睾酮的水平也会上升。例如，一个赢了网球比赛的运动员，赛后其体内的血浆睾酮水平必定会上升，输了的对手的血浆睾酮水平则会下降。与血清素相比，睾酮浓度的升高似乎可以增进机体行为，进而有助于提升或保持相对地位。[10]

对于决定主观幸福感的因素的研究，为相对优势的重要性提供了更多证据。早期的研究者发现，尽管一个国家的平均幸福水平在面对显著的经济增长时也会在一段时间内非常平稳，但国家的公民在某一时刻的幸福感水平仍极大地取决于收入水平。[11] 并且，近期还有研究表明，一个人的幸福感与其周围人的平均收入呈现稳定的负相关关系。[12]

总而言之，想要阐明市场的运作机制，就需要以“环境会对主观评价产生显著影响”这一假设作为出发点。然而荒谬的是，亚当·斯密的“看不见的手”的理论却假定环境不构成任何影响。拥护这一假设的并不只有自由主义者和右派狂热分子。100 多年来，美国政府所做的经济预测和政策分析正是以该模型为依据。

本书接下来的三章将致力于探索情境的重要性如何颠覆人们对市场运作机制的认知。为什么即使是在消费者拥有充分信息、企业主和厂商处于完全竞争的条件下，“看不见的手”仍然会失效？你将会看到，将简单的情境因素纳入考虑，会成为解答这一问题的关键。对市场失灵的错误解释导致许多左派人士出于错误的理由而主张管制市场。他们声称，有必要通过管制来保护人们免遭拥有市场支配力的企业主和厂商的剥削。但是，管制市场的真正原因是避免人们自己过度竞争所造成的后果。

传统经济学没有考虑情境因素

我们将会看到，造成浪费性竞争的，只不过是主观评价在许多领域强烈依赖于具体情境这一事实。情境会影响主观评价，这是没有争议的。有哪个明智的人在一群见多识广的人面前还会坚称情境无关紧要？比如说，他能说服人们接受在相同情境下，一辆车跑得快不快跟其他车的车速没关系吗？这是绝对不可能做到的。但这恰恰引出了另一个问题：我们最初是如何逐渐接受完全不考虑情境因素的理论的？思考这个问题将有助于我们接下来探究情境对经济行为的影响。

最近几年里，我向诸多经济学家请教过这一问题。其中有一位表示，只要可以证实，相比于传统模型，情境因素可以提高对数据的拟合，那么情境的重要性就可以得到充分的认可。然而事实并非如此。例如，在前面我曾指出，即使存在有力的证据表明建立在相对收入基础上的理论对数据拟合得更好，经济学家也不愿放弃基于绝对收入的储蓄理论。[13]

另一位经济学家则推测，许多经济学同行担心的是，如果真的将情境纳入考虑，可能意味着缺失严谨性。毕竟，让许多经济学家引以为傲的是能够将他们的理论表达为数学形式。这类阵营里的一些经济学家可能会担心，关注相对地位会使他们被误认为是社会学家。然而就像过去一些研究所证实的，将相对地位纳入考量并不会对规范化建模构成障碍。[14] 只要经济学家们乐意，这些模型尽可以更加复杂。

还有一位经济学家觉得，经济学家们之所以不愿意考虑情境因素，根本上是因为这样做会削弱久负盛名的“看不见的手”理论的效力。这种解释至少是适用于一些经济学家的，但是仍不充分。毕竟，在经济学家做出的政策建议中，已经涉及了许多其他形式的市场失灵。例如，即便是市场最狂热的追捧者也会毫不迟疑地承认，当控制污染的成本很高时，政府干预是富有成效的。

我能想到的最后一个可能性在我看来是最说得通的。在 30 多年里，我写的书始终是有关相对地位的，最常见的来自自由主义者和其他右派人士的回应是谴责我煽动阶级斗争。他们反驳相对地位的原因与反对施虐狂（政府）的原因如出一辙。但是，将相对地位纳入讨论远远不同于加强政府的施虐倾向。社会理应关注如何消除嫉妒等负面情绪，这是所有人都认同的。总有人拥有更多更好的东西，过于关注这一事实必定会带来不愉快。教育孩子不要嫉妒别人运气好是值得尝试的方案。不过即使这样的教育是成功的，也不能消除由关注相对地位导致的挥霍性后果。这些浪费更多来自这样的事实：生活中的许多重要奖励取决于相对消费，而远不仅仅是出于嫉妒。无论如何，就像开超速罚款单并不等于认可超速驾驶一样，解决集体行动困境的税收方案并不等于认可嫉妒情绪。

THE DARWIN ECONOMY

THE DARWIN ECONOMY

03

尚未被利用的机会：市场失灵传统解释的缺陷

亚当·斯密对“看不见的手”效力的担心主要在于拥有支配力量的市场主体会限制竞争。对市场持怀疑态度的自由派人士很快接受了这些担忧，并继续将竞争受限视为市场失灵的最重要原因。但是达尔文清楚地看到，完全竞争也并不总能引导个体行为增进公共利益。他意识到，个人与集体的利益常常存在很大冲突，在这种时候，个人利益通常会胜出。

达尔文的阐述有一个重要特征，就是认为即使个体利用一切可能的机会来获取潜在收益，市场失灵依然存在。请回忆一下托马斯·谢林所举例子中的冰球运动员，他们在比赛时明明可以戴头盔却不戴，但对于制定要求必须戴头盔的规则，他们却大多投票支持。在这个例子中，个体拥有充足的信息，也足够理性，但是达尔文所设想的市场失灵依然会发生。尽管更小的鹿角对于整个雄鹿群体来说是更有利的，却不利于雄鹿个体。

相比之下，不完全竞争只有在个体总是不能利用可行的选择来使自己获利时，才会导致市场失灵。借用经济学家熟悉的比喻：一定还有尚未被发现的机会。我将证明，这就是市场失灵传统解释的缺陷。

为什么实行员工自治的企业没有繁荣起来

我早些年在康奈尔大学同一群经济学家进行讨论时，第一次意识到这种传统解释的缺陷。这些经济学家里有人开展了一个针对员工自治企业的调查项目。他们坚定地致力于实现社会正义的理想，非常怀疑传统的层级分明的资本家企业。他们认为，这种层级分明的企业，正是污染、异化及很多其他严重的社会问题的源头。他们确信，消除这些弊端的方法无疑是把权力交给员工，以此取代传统的工业企业组织形式。

基于人们重视个人自主性的事实，上述想法未必完全不可行。[1] 有研究表明，幸福感更高的员工工作效率也更高。[2] 如果一位员工并不认同公司的使命，又整天被一位专制的老板呼来喝去，这显然会打击他的士气。员工自治的经济体系的倡导者很肯定地认为，一旦员工掌握主导权，情况就会得到显著改善。有三位资深研究人员在这一新兴领域出现伊始就这样表述：

> 在员工参与度更高的工作环境中，不仅员工的工作效率会更高，而且他们对工作的满意度也会更高。这样一来，用不着向员工施加压力或者将他们置于更危险的境地，每小时的工作产出就可以显著增加至少 15%。浪费的减少并非来自工作提速，而是来自员工更强的责任感。这样，资本主义企业因照章工作、怠工、偷懒和员工直接的抵抗情绪而白白浪费的工人劳动就可以得到利用。[3]

这真是非凡的见解。如果任何一家企业可以通过以上方法提高生产力，同时又提高员工的幸福感，那么这家企业便可以获得巨大的竞争优势。一家典型的企业的工资支出约占总成本的 70%，生产力提高 15% 便可以节约超过 10% 的总成本。企业可以使价格降低差不多的程度，同时还能继续保持盈利，这足以抢走竞争对手绝大多数的客户。同时，由于企业的员工幸福感提升了，最优秀的人才也任由企业挑选，从而进一步增加了企业的竞争优势。简而言之，这意味着，仍存在大量没有被利用的获利机会。拥有这些优势的企业应如烈火燎原一般席卷市场，将巨额利润尽收囊中。

实际上，员工自治的企业在美国和其他工业国家有着悠久的历史。小型家庭作坊或许是最常见的例子，有许多其他合作式企业也属此类。20 世纪 60 年代后期，我还在加州大学伯克利分校读研究生，那时我们很多人会去利奥波德氏（Leopold's）买东西，那是一家由员工管理的音像店。此外，许多城市都有合作经营管理的食品零售商店。

然而，这类组织在经济体系中所占分量极其有限，也确实没有事实表明这类组织会在市场上盛行。这一现象引发了一个基本问题：如果员工自治的企业这么好，为什么人们看到的这类企业却寥寥无几呢？

我曾向康奈尔大学员工自治系统研究小组的几个同事提出这一问题，那个小组里聚集了一帮可能会认真对待这个问题的聪明人。在一番讨论过后，他们给出了经过深思熟虑的解释：员工自治企业的数量之所以没有迅速增长，是因为金融市场拒绝公平地为这些企业提供资金。他们解释说，银行很长时间以来都与传统的资本主义企业打交道。它们对这类企业了如指掌，并且自认为足够了解这些企业带来的风险，因而能够很好地对贷款申请做出评估。为了支持这一解释，我的一个同事提供了一份银行要求当地的员工自治的企业填写的贷款申请表格。这份表格的长度足有普通申请表格的两倍，并且会问许多尖锐的问题。

我对此的看法是，这些不便并不足以解释为什么员工自治企业没有盛行开来。如果相比于传统企业，这些企业可以享有超过 10% 的成本优势，他们完全负担得起因填写冗长的贷款申请表格而额外花费的时间。事实上，即便是整个银行系统完全将它们拒之门外，它们也有能力发展壮大。许多企业都是从小规模起步的。一个有着成本优势的企业，如果得不到来自外界的贷款支持，它在一定时期内的发展可能相对缓慢，但是 10% 的成本优势本身就是可实现扩张的巨大的内部资本来源。

更重要的是，资本主义银行系统不太可能一直不为信用良好的贷款企业提供资金。所有的贷款都必然蕴含一定的风险，但是任何一家比竞争对手有 10% 成本优势的企业的风险是极低的。如果银行家们担心他们不善于应对员工自治的企业，那么他们的保守做法不应该是完全拒绝贷款，而是应该提高贷款利率。

还有人提出，银行不愿意把钱借给员工自治的企业，是因为它们认为一旦这种所有制结构的企业扩散开来，会威胁资本主义体系的长期利益。[4] 但是如果以为银行家会出于这个原因而错过一次有利可图的机会，那就彻底误解了资本主义的实质。人是贪婪的，资本主义始于这一假设。在《国富论》里一段最广为引用的段落中，亚当·斯密写道："屠夫、酿酒商或面包师并不是出于仁慈才为我们提供晚餐的，而是出于他们的私利。"[5] 银行家不是利他主义者，并不肩负着通过牺牲自己来增进同类利益的使命，他们只是努力想要赚一笔的资本家。所以说，哪怕贷款给员工自治的企业会削弱资本主义体系这一不太合理的假设真的成立，也依然不足以令一个理性的银行家拒绝放贷。

这一问题类似于常见的过度捕捞的悲剧，对此，我会在第 10 章进行更加详细的阐述。这就是达尔文论述的个体与群体诱因之间的隔阂导致的又一种形式的市场失灵。渔民不会因愚蠢而耗尽渔场资源，因为任何一个单独的个体进入捕鱼行业并不会对最终结果造成显著影响。同样，在银行业，如果足够多的银行将钱借给员工自治的企业，使这些企业繁荣发展，由此可能会导致资本主义体系瓦解，但是即便某个银行家抽身而退，结果也不会发生什么变化。在这种情况下，即使坚定地致力于维持当前的企业形式，一个贪婪的银行家也没有任何理性的动机错过这样一个贷款获利的机会。个人的抑制行为会导致他错失一些利润，并不会挽救资本主义的消亡。

而且，为什么银行家要忠于这样一个目标呢？在多数客户都是员工自治企业的世界里，银行家们照样可以活得很好。在那样一个世界里，成本真的可以降低 10%，最终银行本身也会变成员工自治。早期与这类企业有过接触的银行确实可以占据强有力的竞争优势。

然而，正像前面提到的，并没有有力的证据表明员工自治的企业拥有任何竞争优势。在结束研究生学业几年以后，我去了一趟伯克利，发现利奥波德氏，也就是那家由员工管理的音像店，已经不在我上学时候的位置了。我询问朋友这家店怎么样了，朋友告诉我它早在几年前就已经倒闭了。但是它的主要竞争对手，也就是附近的一家折扣音像连锁店依然在经营。

这又一次说明，虽然员工自治的企业已经存在了很长时间，但是它们从来没有在经济领域占多少比重。无论如何，没有迹象表明这些企业一定会席卷整个市场。唯一能对此做出解释的是，相比于传统企业，在一些能够决定企业成败的关键方面，员工自治的企业可能具有一些优势，但是肯定会在另一些方面表现不佳。例如，利奥波德氏音像店的员工可能从参与日常管理决策中获得一种责任感，从而提高了他们的工作效率。但是久而久之，或许他们开始对频繁参与会议感到疲倦，又或者，问题在于负责管理的员工提供的是在他们看来对人们有益的而不是人们需要的产品。

如何验证经济理论的正确性

我与员工自治企业的倡导者们的交流是一次带有意识形态价值的实际探讨，我的经济学同行们知道市场制度存在严重的缺陷，也同样知道资本主义剥削是导致这些问题的原因。但正因为认识到这一点，他们才不愿或不能剖析他们所持理论的更深层意义。

在过去这些年里，我鼓励学生们在思考市场失灵时尽可能地完全摆脱他们的意识倾向。如果他们对于为什么市场以某些特定的方式失灵持有某种假设，那么对该假设最重要的检验标准则是：这是否意味着尚有人们未加利用的机会。员工自治企业的倡导者们的阐释显然没有通过检验。如果这些企业具有他们的倡导者们所宣称的那些优势，那么企业家们就可以花费上亿美元收购传统企业并将之重组为员工自治的企业。他们只需要买下现有传统企业的股票，将决策权移交给员工，接着将重组企业的股票卖给新的员工股东。由于重组后的企业相比于原先的会更有效率，这些股票的卖出价格会远高于它们的买入成本。然而，先前也提到过，并没有出现以这种方式重组企业的热潮。

简而言之，长期存在大量未加利用的机会的理论并不好。在任何一个稳定地维系了很长一段时期的市场环境下，极有可能不存在大量未被利用的机会。然而，谴责市场结果的左派人士给出的解释也没能通过“没有未加利用的机会”的检验。例如，这些左派批评家常常宣称我们必须对工作场所的安全进行监管，否则员工就会被手握资本的掌权者剥削。起初，这一主张听起来似乎挺有道理。毕竟，企业主常常钱多得花不完，而他们的员工却每天冒着生命危险勉强维持生计。这确实看起来像是剥削。但是我将会解释，其实这也意味着仍存在大量未被利用的机会。

假设由于老板的台锯没有安装刀片防护套，一位木工面临受伤的风险，这位老板应该安装防护套吗？必须对安装这一装置的收益和成本进行分析后，才能做出明智的回答。如果这位木工掌管该企业，并可以自行做出决定，分析结果就是显而易见的了。防护套的成本是很好测算的，为了方便讨论，我们假设每个星期需要花费 50 美元。这一装置带来的收益就是这位木工为了获得防护套的保护而愿意放弃的最大代价，这自然取决于操作没有防护套的台锯的风险有多高。比方说，如果他愿意承受的代价是 100 美元，显然是应该安装防护套的。但是，如果说防护套对他的价值只有 30 美元，那么他的选择就是不安装。

即使这位木工受雇于一家公司，决策逻辑也不会有什么不同，他仍然有必要对比防护套的成本和收益。即使由雇主承担安装费用，成本也不会有变化。而在木工眼中，防护套的价值仍然在于其所能提供的保护。我们假设防护套的收益超过了成本，因为这种情形更有意思。如果对木工来说，每周用于安装和维修防护套的费用只有 50 美元，而它对工人的价值却有 100 美元，那么雇主毫无疑问会安装。不这么做意味着会失去原本可以获得的 50 美元经济剩余。

“看不见的手”理论的质疑者坚持认为，资本主义雇主的贪婪会阻止他安装防护套。但是，这一指责忽略了亚当·斯密理论的本质。如果安装防护套的收益超过了成本，雇主却不这么做，就会将获利机会拱手让给愿意安装的竞争对手。记得吗？防护套的花费只有每周 50 美元，而在木工眼里的价值却有每周 100 美元。我们可以假定，现在这个雇主以当前的工资水平雇用这个木工并没有什么损失。因此，如果一个竞争对手提供安装了防护套的台锯，而工资只比目前的少 75 美元，那么这个木工会接受这份工作。换工作后，这个木工可以获得每周 25 美元的额外经济收益，也就是防护套对他的价值 100 美元减去工资减少的 75 美元。并且他的新雇主每周也会多得 25 美元（假定新雇主的成本与当前雇主的相似）。无论何时，如果一个雇主拒绝安装收益超过成本的安全设备，就会存在被遗漏了的获利机会。

许多市场体系的批评者反驳说，使用成本 – 收益分析来决定是否应该安装安全装置是不道德的，但是这种反驳经不起一丝推敲。防护装置的花费可以用来购买其他对人们有价值的东西。没有任何不好的结果发生的世界是不可能存在的。在决定采取哪一种安全措施时，我们必须权衡收益和成本。

如果你不同意，那么我来问两个问题：你今天检查刹车了吗？如果是，那么你明天还要再检查一遍吗？理智的人对两个问题的回答不可能都是肯定的。如果你刚确认了刹车状态良好，那么它在明天就出故障的概率是极小的。检查刹车会耗费时间和金钱，所以理性的人只会隔一段时间才检查一次。在美国，有汽车检查计划的州通常明确规定一年检查一次。多数人不会频繁地检查刹车，因为这么做不仅花费高而且不能带来显著的好处。如果说成本 – 收益分析框架适用于考虑检查刹车的频率，那么为什么不能用它来考虑台锯上是否应该安装防护套呢？

其他质疑者的回应是“看不见的手”或许在竞争充分的劳动力市场中是有说服力的，但是他们接着强调，劳动力市场实际上并不是竞争性的。毫无疑问，劳动力市场的流动性确实不如其他类型的市场。例如，一旦一个人与一名雇主签订了合同，相比于其他雇主，他逐渐积累起来的许多技能会对目前的雇主更有价值，他也就更加不可能获得来自别处的更好的工作机会。从某个时候开始，他实际上就被“困住”了。[6]

然而，即使这位员工被迫要永远为同一名雇主工作，雇主不安装通过成本收益检验的安全设施也是不明智的。如果由雇主支付设施的费用，并通过削减这位员工的工资来抵补这部分花费，员工和雇主的情况都会得到改善。质疑市场的人可能会觉得被“困住”的员工得到的报酬太低了，不能承受他在工资足够高时愿意付出的代价。然而，在这种情况下，对于一个能够实行管制的国家来说，可能会有好得多的选择，只需要求企业提升工资即可。接下来，员工就可以自行决定是否要承担额外的安全设施的代价。

无论如何，不能过分强调劳动力市场的非竞争性。劳动力流动是不充分的，但是相比于以往，现在人们可以更频繁地换工作了。而且，即使企业知道大多数员工不会离开，有一些也确实还是会离开的，还有另外一些最终也会退休或者去世。因此，企业主们必须维持对新员工的吸引力，这意味着他们必须提高企业的声望。信息时代是藏不住秘密的，一家剥削员工的企业最终会面临严重的用工困难。

总而言之，强调锯刀“太危险”相当于强调提高锯刀安全性的成本将低于相应的收益。如果劳动力市场是竞争性的，员工们也足够重视锯刀的安全性从而愿意承担额外的费用，那么企业主就会有安装防护套的强烈动机，以避免竞争对手挖走他的员工。如果这些都没有发生，那么就可以认为员工事实上并不看重锯刀的安全性，因而不愿意支付额外的费用。他们会乐意无偿获得安全的锯刀，而并不愿意为此付出代价。

关于“看不见的手”更详细的论述可以进一步解释为什么市场上针对工作场所的安全性问题会出现五花八门的选择。一些企业的工资高，工作安全性低；一些企业的工资低，工作安全性高；还有一些企业，两者的水平都是中等。面对这些选择，员工根据自己的偏好在这些公司中寻觅。当然了，偏好在许多维度上都是不同的，但是出于目前的需要，我们仅考虑两个维度：面对风险的态度和对金钱能买到的东西的渴望。

对于特别谨慎同时又刚好不在乎钱的人来说，最好的选择是一份风险极低的工作。这样的工作可以满足他们对安全的需求，又因为钱在他们眼里不是那么重要，工资低一点也是可以接受的。处在另一个极端的是那些最不关心风险，同时又迫切需要更多收入的人。对这些人来说，最危险的工作会是最好的选择。这样的工作能提供给他们的薪水是最高的，同时他们也可以容忍这份工作额外的风险。对在这两个维度上的偏好都不那么极端的人来说，最好的选择是工资和安全性都处于中等水平的工作。

那么，根据传统的“看不见的手”理论，人们愿意支付多大的代价，就能相应从工作中获得多大程度的安全保障。这是理所当然的，因为用来获得更多安全保障的资源也可以被用来获得其他对自己有价值的东西。如果一位员工没有得到他想要的更多的安全保障，这只意味着他并不愿意付出相应的代价。

对“看不见的手”的质疑

通常，质疑市场机制的人会搬出一些雇主的行为与“看不见的手”理论中理想的市场结果明显不一致的例子，作为有力的反击。沃尔玛，这家美国最大的零售商，就经常被他们用来作为举例对象。比如说，沃尔玛公司有好几次把维修工人锁在店里一整夜，也没有管理人员在紧急情况下放他们出去。沃尔玛为这一举动的辩护是这样可以防止盗窃，但是这也导致至少在某些时候员工无法得到及时的医疗救助。这家公司还因其他有违劳动法的行为受到指控，包括为了不支付加班工资而修改员工的出勤记录。就算这不是剥削，也相差无几。[7]

当然，沃尔玛也为社会带来很多好处，尤其是通过不懈地削减成本而提供的各种各样价格低廉的产品。然而，在这家公司的整个发展历程中，它频频违反各项法律法规，左派和反对政府管制的人士认为这是对市场“看不见的手”的肆意扰乱。[8]这些法律法规所禁止的行为确实有必要加以制约。然而，就目前已有的事实看来，市场比以往任何时候都更有竞争性。

如果市场真的是竞争性的，那么还有必要制定这些规则吗？是什么在阻止“看不见的手”发挥效力？

更高的收入意味着更高的消费能力

我给出的解释很简单[9]，它源自达尔文的核心洞见：个体利益常常与群体利益相冲突。就像我在第 1 章中提到的，按照标准的“看不见的手”的理论，一个工人愿意接受安全性更低的工作以换取更高的工资，这意味着额外的收入足以补偿安全性的降低。但是“看不见的手”理论的假设是，收入的价值体现在其所能带来的额外的绝对消费。然而，相比于安全防护只是让工人在少数情况下避免因粗心导致手被刀片伤到，更高的收入可带来另外一个确定且能立刻得到的好处，那就是：消费能力相比于其他人有所提升。

这一点在父母希望将孩子送到尽可能好的学校的例子中体现得最为明显。就像第 1 章中提到过的，一名员工愿意接受一份更加危险但收入更高的工作，很可能是因为这样他就可以支付更好学区的房子的月付。但是这对其他员工是一样的。而且，学校质量本身是一个相对概念，如果其他人也牺牲工作安全性来换取更高的工资，那么相对来说，没有人会达到自己的目的，他们只会把好学区的房价抬高。

由此，即使是在所有工人完全了解他们会面临的风险且劳动力市场竞争充分的条件下，也是需要对安全问题进行管制的。工人们很有可能更偏好另外一种状态：每个人都从事更安全的工作，即使要付出工资更低的代价。但是，每个工人只能决定自己的工作选择，而不能左右他人。如果一个工人接受了安全性更高的工作，而其他人没有这样做，那么这个工人就会被迫把孩子送去差一些的学校。要得到他们想要的结果，工人们就必须采取一致的行动。

但是仅仅知道个体的行为会相互抵消并不能消除个体行动的动机。相比于不加管制的私人劳动力市场，世界上所有的国家或组织都会选择采取相似的政策来提高工作场所的安全性。例如，在美国，职业安全与健康管理局就明确规定了不同的行业必须遵守的详细的安全规程。这些国家或组织还要求企业给工人购买工伤补偿险，该保险的费率会随着伤害索赔项目的数量大幅增加。这些手段并不完善，但是毫无疑问，工作场所的安全性将因此提高。

质疑大政府①的人通常会谴责这些政策对个人自由构成了不正当侵犯。例如，塞勒和桑斯坦在描述安全监管政策时写道："他们纯粹就是在下禁令，这肯定会伤害到一些人。这些法规不允许人们用（政府赋予的）拥有安全工作环境的权利换取更高的报酬，哪怕聪明多识的人想要这么做。"[10] 这意味着，至少对于信息充分的工人来说，亚当·斯密的"看不见的手"即使在没有管制的情况下也可以提供最优的安全性和工资组合。然而这一理念在人们强烈关注相对状况的时候是站不住脚的。

就像达尔文清楚认识到的那样，生活的许多重要方面被置于一条相对地位的评价曲线之上。是相对收入，而非绝对收入，决定了谁可以在好学区或者景色绝佳的地方买到房子。当相对收入变得重要时，"看不见的手"就失灵了。我们再也没有理由认为个体动机会促使资源实现其最大价值。

这里，读者需要再次注意，我对安全管制所做出的解释与托马斯·谢林对佩戴冰球头盔的规定所做出的解释有惊人的相似之处。[11] 我在第 1 章曾提过，谢林最初观察到，可以自行选择滑冰装备时，运动员总是不佩戴头盔，但对于制定佩戴头盔的规则却表示强烈赞同。谢林认为导致出现这种矛盾的原因是个体与群体利益之间的冲突。当一个运动员卸下头盔，他就获得了相对优势，这在他眼里足以与重伤概率的些微上升相抵。其他运动员也面对相同的动机，不可避免的结果就是所有的运动员都不戴头盔。没有哪个队伍的运动员可以获得他们追求的竞争优势，他们却都面临着更

① 对人民生活、经济等控制严厉的政府。——译者注

高的重伤风险，因此他们才会支持要求佩戴头盔的规定。

仅仅知道导致问题的动机结构并不能解决问题，需要一种强有力的方式来改变个人动机。正是明白了这一点，冰球联盟才制定了佩戴头盔的规定。对于坚持不戴头盔的运动员来说，唯一可行的办法是结成自己的联盟。这与在工作场所制定安全规则是一样的，那些不想受规则管制的人可以搬去另外一个没有安全管制的国家，但是我们将在第 12 章看到，这样的国家仅有几个，他们也很可能并不想居住其中。

还需要注意的是，我给出的安全管制的理由并不意味着在实行管制之前仍存在未被利用的机会。就拿谢林所举的头盔的例子来说，在没有管制的情况下，市场结果体现的是每个个体的最优选择。如果一个竞争企业提供了更安全但工资更低的工作，也不会有人接受，因为这意味着他们不得不搬到更差的学区。

我做出的解释同样不需要以人们的信息有限、市场流动不充分，或任何人非理性为前提，也不一定要存在一个有力的市场参与者将自己的意志强加给其他参与者。这一解释唯一需要的前提是个体与群体之间存在利益冲突这一达尔文观察到的基本现象。当个体在许多方面追求重要结果的能力显著依赖于相对收入时，就可以满足这一条件。

对相对收入的重视导致的个体和群体动机的差异，有助于我们理解市场失灵的其他方式。在自由主义者和“看不见的手”的支持者看来，市场力量不仅可以引导人们获得最优的工资和安全性组合，也可以获得工资和其他工作特性的最优组合。例如，我们可以考虑专业分工的问题。亚当·斯密强调过，工业革命开始后的生产力爆炸式增长就是更高程度的劳动力专业化分工的结果。然而斯密还意识到，随着工作的专业化程度越来越强，它对人们在心理上的影响也越来越大。马克思曾强调，资本主义下的专业分工太过了，他认为专业化分工“将劳动从人身上剥离，使人退化为机器的附属物，摧毁了工作的全部吸引力并使之成为令人厌烦的苦工”。[12]

自由主义者和其他支持“看不见的手”的人士对此做出反驳，他们指出，马克思的观点意味着将一些机会闲置。这与他们在关于安全性的案例中给出的理由如出一辙：如果工人们一直认为工作场所缺乏多样性，那这必然意味着在这些工人看来，日常工作的多样性比专业化程度下降所导致的产量损失更重要。但是如果工人们在乎的是相对收入，这一主张就不成立了。如果每个工人的工作多样性都增加一些，同时减少一些收入，那么整个工人群体就会更幸福，因为这一转变不会影响人们实现那些取决于相对收入水平的目标。但是没有哪个个体可以单独换一份更具有多样性的工作而不会损害他实现这些目标的能力。

与此类似，个体与群体利益之间的冲突也可以用来解释为什么人们最终会在不那么理想的环境中工作。劳动力市场为人们提供了获得更高收入的机会，他们可以接受自主性更低的或者有违道德的工作。[13] 额外收入的诱惑是人们接受这类工作的重要原因，然而，如果所有工人的绝对收入一起增加，相对购买能力几乎不会受到影响。

对相对收入的重视导致个体利益与集体利益存在分歧，这一事实也质疑了传统经济学中显示性偏好的理论。这一理论认为，相比于人们说的话，我们更能够通过观察人们的行为来了解人们的偏好。[14] 根据这一理论，如果一个人可以每周削减 100 美元的工资来换一份更具多样性的工作，而他却没有这么做，那么对他来说，额外的多样性肯定不值 100 美元。从个人价值评估的角度来说，这是对的。但是个人评价和群体评价并不一定是一致的。如果重要的是相对收入，那些拒绝为增加的多样性支付 100 美元的人可能会发现，如果所有人都支付 100 美元获得额外的多样性，增加的多样性的价值将远远不止 100 美元。

谁也无法否认，在某种程度上，实现人生中的许多重要目标的能力取决于相对购买能力。由此导致的一个直接结果是，当一个人的收入增加时，他实现这些目标的能力提高了，其他人实现这些目标的能力却下降了。或者用经济学家的话来说，同样的活动在带给一个人更多收入的同时，会给其他人带来负的外部效应。

许多自由主义者肯定乐于忽略这一问题，或者坚持认为他们拥有随意给其他人造成直接伤害的权利。但是我将在第 6 章证明，间接伤害的问题会让正直的自由主义者面临选择的困境。如果一个人想要行使直接给他人造成伤害的权利，那么他就必须为此提供有说服力的理由，而事实证明，这是非常困难的。

我希望这样假设是合理的：对于一个剥夺了球员选择是否戴头盔的权利的规定，一个正直的自由主义者应该不会反对。这个规定当然会剥夺球员的权利，但这也正是球员们会支持这项规定的原因啊！他们知道，如果可以在打冰球时不戴头盔，那么他们一定不会戴。但是他们并不想不戴头盔。

很明显，政府比冰球联盟更有约束力。仅凭这一事实就决定了施行政府禁令需要更加严格的标准。但这只是程度上的差异，本质上并没有差别。我们将在接下来的章节中看到，令人欣慰的是，人们常常不用对行为加以限制就可以减轻对他人的伤害。

THE DARWIN ECONOMY

THE DARWIN ECONOMY

04

干预是为了更好的竞争：你无法通过不吃饭饿死身体里的寄生虫

经过 2005 年三次独立的专项拨款，美国国会共计投入 3.2 亿美元，用于建设一座连接阿拉斯加州凯奇坎（Ketchikan）市区及格拉维纳岛（Gravina Island）上的机场的桥梁。那座桥被戏称为“哪儿都去不了的桥”，这个工程很快就成了政府财政浪费的著名案例。[1]

建这座桥从一开始就不是个好主意。凯奇坎的人口在那时只有不到 9 000 人，格拉维纳岛只有 50 人。市区和这个岛屿之间的交通靠的是轮渡，每趟的费用是 6 美元，每趟船的间隔在 15 分钟到 30 分钟不等，依具体时间而定。显然，有了桥会更方便，但是远不至于因此而启动这样耗资巨大的工程。

既然这座桥这么失败，为什么一开始还要建呢？反对政府管制的改革者翻来覆去地强调其中的原因。提议开展这项工程的政客希望讨好能从中直接获益的当地居民，以赢得他们的选票，却使远在别处、毫无戒心的纳税者被迫买单，这些纳税者永远不会注意到，更不会抱怨最终由此导致的税收的增加。其他州的立法者之所以支持这一提案，是出于理性的考虑，他们预期当自己有提案时，也可以得到对等的帮助。

让人欣慰的是，这项工程最终在美国民众激烈的反对之下被迫取消。然而，在每笔国会预算中，仍有许多其他提案得以通过，因为这些提案太微不足道，无法进入大众的视野。

有一些无意义的活动最终木已成舟。例如，20 世纪 80 年代广为人知的军事采购项目，现在被称为“政府疏忽计划”，据说私人国防用品承包商的一个拔钉锤就向政府要价 435 美元，一个马桶坐垫要 640 美元，一个咖啡壶则要 7 600 美元。[2] 这些事实着实令人不安。如果已经有不够尽责的或者腐败的政府官员被诱使为日常用品支付如此高昂的价格，那么涉及复杂的、难以弄清楚的设备的合同中又可能存在多少浪费呢？

如何避免公共决策中的浪费

反对政府管制的改革者一定清楚地意识到了什么。政府确实存在浪费行为，但问题的关键在于对此该怎么办。许多自由主义者相信，最好的策略是“饿死野兽”①。或者，正如反税收团体——美国税制改革组织的主席格罗弗·诺奎斯特（Grover Norquist）所做的生动描述：“我并不希望废除政府。我只是希望缩小它的规模，小到能塞进浴室或者浴缸吧。”[3]

“饿死野兽”策略倡导者们的观点很简单。既然上缴到华盛顿、萨克

① 美国保守主义者的一项财政手段，“野兽”一词指美国政府和投资项目，特别是社会项目。——编者注

拉门托或奥尔巴尼[①]的钱必然会被浪费，解决方法就是尽量少向这些地方缴钱。加利福尼亚州是“饿死野兽”策略倡导者们的沃土，因为这个州独特的宪法条例允许选民直接决定立法提案。

据说，要想知道美国发展的走向，就应该了解加利福尼亚州。加利福尼亚州率先认真处理汽车尾气排放产生的空气污染问题，率先普及节能电器，也率先为女性和少数族裔争取更多权利，率先应对二手烟污染问题，还催生了在过去 30 年里引领公众主流意识的反税运动。

1978 年 6 月，13 号提案赢得了超过 65% 的加利福尼亚人的支持，投票率接近历史最高水平。13 号提案的官方名称为《人民限制财产税动议》(*People's Initiative to Limit Property Taxation*)，俗称“贾维斯 – 甘恩修正案”，以发起这次公民投票的两位先锋人物霍华德·贾维斯（Howard Jarvis）和保罗·甘恩（Paul Gann）命名。贾维斯是奥兰治县（Orange County）的一名商人，长期反对征税；甘恩是萨克拉门托的保守派积极分子。修正案的主要条款是将加利福尼亚州的财产税降至财产估价的 1%，相应地，在随后的每一年里也都不能超过 2%。

关于 13 号提案的一些细则会对加利福尼亚州造成什么影响，人们仍存在争论，但是没有人会怀疑这一提案抑制了长期以来的税收增长趋势。与联邦政府不同的是，州政府通常是不允许持续存在赤字的，毫无疑问，13 号提案也抑制了原本可能产生的政府支出。

由于政府支出总会存在浪费，支持 13 号提案的人因此声称该提案减

① 萨克拉门托为美国加利福尼亚州首府，奥尔巴尼为纽约州首府。——编者注

少了政府浪费，由此不必担心自相矛盾。但是要想向中立者证明13号提案会让加利福尼亚州变得更好，就困难得多了。立法者提出的所有政府计划总会得到一些选民的支持。这些计划中，有些发挥出了价值，还有一些则没什么用处。资金的亏空迫使政府削减财政预算，这时，哪些计划会被砍掉取决于其支持者力量的大小。然而，就像阿拉斯加州的“哪儿都去不了的桥”所揭示的，仅仅获得一部分人的支持并不意味着该计划会对更大范围的公众有益。由此得到的必然结论是，13号提案也导致其他有价值的计划被取消。

最终结果是什么呢？彼得·施拉格（Peter Schrag）在他1998年的书《失乐园：加利福尼亚的经历，美国的未来》（*Paradise Lost: California's Experience, American's Future*）中试图解答这一问题。[4]施拉格在《萨克拉门托蜜蜂报》（*Sacramento Bee*）当了19年社论版主编，对于在实施13号提案和其他意在限制政府职能的公民票选提案之后的20年里，加利福尼亚州的社会和经济发展历史，他经过细致研究，给出了尽可能中立的解释。

由此涌现的图景与在第二次世界大战之后的一代人心中加利福尼亚州一直具有的“模范且具吸引力”的形象截然不同。在《失乐园：加利福尼亚的经历，美国的未来》出版后的几年里，加利福尼亚州政府的财政状况继续急剧地恶化，相比于美国其他州，其整体发展状况也显著恶化。例如，仅2009年，财政收入不足使加利福尼亚州被迫削减了200亿美元的预算。但即使在13号提案实施的最初20年里，加利福尼亚州也发生了极大的变化。施拉格写道：

> 在30年前，加利福尼亚州是全美对学校资助最多的州之一，如今排名却落到后25%，无论是学生的身体健康状况、学校获得

> 的公共拨款，还是考试成绩，都已不及纽约州、康涅狄格州或新泽西州，反而更接近密西西比州的水平。加利福尼亚州一度有名的高速公路系统，如今在美国已经成为最破败的公路网之一。许多公共图书馆缩短了营业时间，甚至有些干脆倒闭了。这个州曾经最为丰厚的社会福利，也被一再削减。曾经一直免学费的院校系统，虽仍然是世界上最庞大的公立教育体系之一，如今却如同所有其他州立大学系统一样，因资金和学费问题苦苦挣扎，甚至更为严重。[5]

13 号提案的支持者则称还有其他重要因素导致了加利福尼亚州长期的相对衰退，以此进行反驳。但无法改变的事实是，长期的收入短缺一直是加利福尼亚州的核心问题。

反对政府管制的积极分子坚持认为应对收入短缺的最佳手段是削减浪费性的财政支出。除了浪费性项目的直接受益者以外，会有谁反对这一点呢？困难的是，如何才能在削减浪费支出的同时，避免带来更加严重的附加损失。经验表明，“饿死野兽”的策略并不能解决这一问题。

拥护“饿死野兽”策略就好比让肠道寄生虫病患者不要再吃东西，并解释说因为病人吃的食物是寄生虫的命脉，只要停止进食，这些寄生虫最后就会死掉。好吧，确实如此，但是病人自己可能会先死掉，或者在这个过程中身体受到严重损害。正因如此，杀灭寄生虫的有效策略都是非常有针对性的，试图对寄生虫造成直接伤害，同时尽量减小由此对宿主带来的伤害。

把宿主 – 寄生虫的类比进一步扩展，会给我们带来更多启示。注意，任何复杂生物体内都是有寄生虫的。减少寄生虫对生物体当然有好处，正是因此，自然选择才总是更青睐拥有有效免疫系统的生物体。但是，自然选择也总是更青睐最有生命力的寄生虫。与寄生虫的对抗会带来好处，也要付出代价。权衡这种对抗的要领在其他领域也同样适用，这个要领是：要先使用代价最小的手段，来消灭最危险的寄生虫。但是最终会到达一个临界点，这时下一个手段的成本等于由剩下的最危险的寄生虫所带来的损害。超过了这一点，再消灭寄生虫实际上会让生物体的情况变糟。[6]

政府财政浪费的问题中存在着同样的逻辑。减少浪费的最好办法当然是先使用成本最低的手段来消除直接造成浪费的最重要的因素。当然，为此必须先搞清楚为什么会存在浪费。

通常的答案是，政客们会因为重要出资人的要求而支持浪费性的项目。[7]因此，政府财政浪费的反对者可以关注的一个方向是，通过法律规定来减少立法者对大型选举资助的依赖（小额捐助则没有这么严重，因为捐助的个人不能对立法者施加重要的影响）。施行更加严格的竞选财务法的成本相对较低，并且可以抑制一些大的财政浪费。但是美国最高法院最近几年却不怎么愿意支持更严格的竞选财务法。相反，从最高法院 2010 年针对联合公民诉联邦选举委员会案做出的有争议的裁决中，似乎可以看出他们甚至想要取消由来已久的企业竞选捐款限制。[8]

如果法院不改变想法，政府财政浪费的反对者会继续采取其他应对策略。例如，我们从“哪儿都去不了的桥”案例中得出的经验是，当越来越多的选民了解到浪费的存在时，浪费性的政策在政治上就很难再继续下去了。信息革命大大降低了向选民传递信息的成本，这让我们可以取得一些进步。但与此同时，信息革命还带来了信息爆炸。因此，吸引选民关注某一个特定的浪费性项目仍一如既往地困难。

简而言之，美国民众与政府财政浪费的抗争会持续进行下去。以后，新的技术和更好的制度或许可以带来显著的进步，却无法彻底消除浪费。

事与愿违的支出削减

21 世纪初，美国面临的最紧迫的问题之一是，尽管有许多至关重要的事务待处理，政府却没有资金。例如，在 2010 年 7 月，《华尔街日报》报道称，全美各地的预算赤字已经迫使许多州把多处的沥青路降级为砾石路：

> 平整的公路曾是美国的历史成就，如今在美国的乡下，因为各个郡县苦于财政赤字，以及州政府和联邦政府收入的缩减，这些公路已经破败不堪，取而代之的是砾石路或者其他粗糙路面。随着财政赤字的扩大，许多地方用于修路的州政府拨款也减少了。近年来，在密歇根州的 83 个郡中，就有 38 个将一些沥青路改为了砾石路。2009 年，南达科他州将至少 160 公里的沥青路降级成了砾石路。亚拉巴马州和宾夕法尼亚州也开始将沥青路降级成更便宜的砾石路，也被称为“穷人的路”。俄亥俄州的一些郡县则只是坐视公路逐渐被侵蚀和损毁，一点点变成了砾石路。[9]

问题是，这些举动不仅不能节省资金，最终还会带来浪费。坑坑洼洼的不平整路面，每年会给每一辆车造成 100 多美元的损失，更不用说许多无谓的伤亡了。[10] 路面保养每拖后两三年，成本就会加倍。因此，现在花

1 美元保养路面，就可以不用在三年后再多花 1 美元。预防路面不平整造成的损害和伤亡，可以节省下来一笔资金，即使忽略这一笔资金，这依然是一笔年回报率超过 18% 的投资。

联邦政府的借款利率则会因此而低得多。比如说，美国 10 年期国债的利率从 2001 年起就一直在 5% 以下。出售国债并用获得的收入得到超过 18% 的收益可以立即改善美国的财政状况。任何一家私营企业可以借由这样的投资机会一跃而起。而且，这一投资机会并不少。美国有大约 50% 的主要道路一直未修整，意味着这些路面“破裂、坍塌、老化，需要重新铺砌”[11]。

然而，反税收、反政府管制的言论仍主导着美国的政治话语，使这类投资机会很难进入讨论范围，即使在一个急需更多公共投资机会的经济环境下也是如此。当然，我在这里所指的就是由 2008 年金融危机导致的经济衰退。

在 2007 年末以前的总支出水平之下，几乎人人都有工作。但是紧接着，房产泡沫开始破裂。基于虚高房价的住房贷款所带来的膨胀消费，也大幅下降。公司开始裁员，从而进一步降低了消费。消费的下降相应降低了投资，因为大多数企业的产出已经超过了人们的消费意愿。并且随着其他国家的经济陷入低潮，美国的出口量也下降了。到了 2008 年末，相比于历史上的“大萧条”初期，产出量和就业率下降得更为剧烈。

在 20 世纪 30 年代，世界经济陷入严重的萧条时，许多经济学家认为最好的应对政策是平衡政府财政收支。并且，由于收入的下降导致税收收入急剧减少，这意味着应减少政府支出或提高税率。赫伯特 · 胡佛

（Herbert Hoover）总统针对“大萧条”所采取的措施正是依据这一盛行的经济学正统观念。因此，虽然这些措施没有改善萧条反而实际上使之加剧，但是以此指责他似乎不太公平。

富兰克林·罗斯福总统似乎凭直觉认识到盛行的正统观念是错的。于是他撇开正统观念，大力增加政府支出，用于公共建设工程，直接增加工作机会。但是直到 1936 年，在凯恩斯出版了《就业、利息和货币通论》（*The General Theory of Employment, Interest, and Money*）之后，经济学家们才得以通过一个清晰的理论框架来弄清楚为什么罗斯福的直觉是对的。[12] 凯恩斯被公认为 20 世纪最伟大的经济学家，他解释了一个陷入深度衰退的经济体为何无法自行迅速恢复，由此赢得了这一声誉。

凯恩斯认为，消费者不会率先站出来解决问题，因为即使是那些还没有失业的人也会担心丢掉工作。企业也不会继续投资，因为它们的产出已经过剩了。最终凯恩斯得出的结论是，唯有政府才既有动机又有能力在经济低迷时期促进消费。

尽管现在大多数经济学家认同由凯恩斯提出的应对经济衰退的方法，但仍有一批有影响力的人持有不同意见，并促使自由主义者和反政府管制的积极分子们反对一切经济刺激措施。我曾多次要求这些人解释为什么增加政府支出不会加快经济的恢复。多数情况下，他们要么不愿意回答，要么不能够做出清楚的回应，因此我真的非常感谢李·奥海宁（Lee Ohanian）为此做出的尝试。他给出的关键理由是：伴随着财政支出的增加，针对收入和支出的赋税也相应提高，从而抑制了经济活动。[13] 反对经济刺激的人们所持论点可以归结为：如果政府现在借钱，增加财政支出，消费者们会意识到这将在未来带来更高的赋税，从而使他们减少当下的支出，由此带来的损失将等额抵消政府的支出，因此不会产生净刺激。

这样的论断使心理学家们将经济学家看作“智商高却什么都不知道”的人。或许有人会为了避免未来不确定的赋税而减少当前的支出，但是这样的人很少。行为经济学家们在几十年来不断表明，这并不是绝大多数人的行为方式。几乎没有消费者了解政府债务的规模，更不知道这将如何影响未来的税收。

标准的经济学模型预计人们会在工作时存够钱，以防在退休后生活水平下降。然而，事实表明，大多数人的积蓄远远不够。[14] 即便未来可能会以宠物食品度日，也不足以令人们储蓄更多。然而，反对政府管制的积极分子却希望让人们相信，未来可能面临不确定的税务会使人们增加储蓄，以抵消增加的政府财政支出。

这是一个荒谬的论断，但是在一个由反征税、反政府管制的言论所主导的环境中，只要有一些人声称经济刺激行不通，就足以杜绝其他言论。那些人称，通过借钱来刺激经济会增加政府债务，由此导致的代价则由后代承受。由于大多数人并不想让自己的后代承受这样的代价，争论便就此止息。

事实上，审慎的投资完全不会给子孙们带来损失。恰恰相反，如果政府在经济衰退期间以 4% 的利息借钱，投资于能够产生 18% 的收益的项目，最终不仅可以使原本失业的人重新获得工作，还可以为子孙增添财富。

在充分就业的经济环境中，相比于借钱，用税收来做这样的投资自然更好。但是反征税的言论显然排除了这种选择，即便是对能从政府投资中直接获益的人来说，也是如此。因此，《华尔街日报》记者劳伦·埃特（Lauren Etter）指出，北卡罗来纳州的居民虽然对道路质量恶化满腹牢骚，但似乎并不打算采取这种显而易见的补救方法：

> 7月，斯塔茨曼县（Stutsman County）的居民拒绝了一项通过增加财产税和销售税来为修路提供更多资金的举措。在斯皮里特伍德（Spiritwood）的运动员酒吧，鲍勃·鲍曼（Bob Baumann）呷着一瓶银子弹啤酒，说："我宁愿我的孩子在砾石路上开车，也不愿意让他们背负这么高的税。"[15]

砾石路上有一种屡见不鲜的情况：一辆车子迸起的石子砸到后面汽车的挡风玻璃，由此导致的替换费用能达到1 000美元。这样的事情在沥青路上就极少发生，这只是修路的诸多好处之一。显然，拒绝维修路面并不是真正的节约。然而，一旦论及征税，人们就会因担心未来会征税而拒绝维修路面。

我们需要什么样的公共服务与产品

在此复述一下我的观点，我并不是说政府不存在浪费。浪费确实存在，但许多反对政府管制的激进分子笃信政府的存在弊大于利。确实，世界上的许多政府曾带来巨大的危害。即使是现在，许多国家的普通民众遭到偷窃后也不敢报警。在这些国家，腐败是稀松平常的事。

比如，针对腐败现象，总部位于柏林的非营利组织透明国际（Transparency International）定期通过调查对各国政府质量进行评估。依据该组织对“腐败”的定义——滥用政府权力谋取私人利益，该组织公布了全球清廉指数。在调查中，受访者需要回答自己认为其所在国家的“行政人员腐败的程度”。如索马里等一些国家在“透明国际”的全球清廉指数排名中一直垫底。这类全球清廉指数持续偏低的国家，包括阿富汗、海地、汤加等，都属于世界上最贫穷的国家，这并非偶然。

然而，无论典型的政府看起来多么糟糕，令人惊奇的是，任何一个国家都有自己的政府。如果没有政府，一个国家的领土早就被拥有政府和军队的其他国家侵占了。如果政府的存在是不可避免的，那么我们就要面对挑战，建立一个尽可能好的政府。

尽管一些改革者反对政府管制，但确实有一些政府相对来说更加清廉，为满足其民众对公共物品和服务的需求，也做了一些说得过去的工作。2007 年“透明国际”名单中政府腐败程度并列最低的是丹麦、芬兰和新西兰。新加坡、瑞典、冰岛、荷兰、瑞士、加拿大和挪威也在前 10 名之列。同样不让人意外的是，这其中的绝大多数国家都属于世界上较富有的国家。

其中的因果关系是双向的。诚实、高效的政府有助于开展能够提高人均收入的活动，更加富裕的民众通常也更有能力和意愿支持更加高效的政府。但是人均收入和全球清廉指数之间的关系并不是绝对的。例如，美国的人均收入比 2007 年全球清廉指数排在前 10 位的任何一个国家都更高，但其在名单上却只排到第 20 位，这主要是因为美国的民众认为在美国的竞选财务制度下，国会存在腐败。

对于有着诚实、高效的政府的国家而言，人们不会认为把支持良性政府作为一项有价值的投资是荒谬的。然而对于美国的反政府人士来说，却并不是这样，他们中的许多人对政府提供的服务有着不加掩饰的轻蔑。正像罗纳德·里根常说的："政府对经济的态度可以归结为几点：如果经济发展，就对它征税；如果经济过热，就进行管制；如果经济停滞，就出资推助。"诚实、高效的政府是以能带来职业自豪感的职业公务员制度为基础的。在一个轻蔑政府的风气盛行的环境中，招揽到有才干且甘于奉献的公务人员显然更加困难。

然而，就算反政府人士自己来承担管理国家的职责，他们也未必能成为自己想任命的那种公务人员。不难看出，那些认为政府无用的人，会认为任用不那么在乎这些政务工作的亲信不会带来任何危害。但是正如卡特里娜飓风来袭时的经验所揭示的，任命没有能力胜任的朋友负责他们不那么关心的政府部门的工作，结果通常不好。

有理智的人都不会选择废除政府。如果必定要有政府，那么，我们便应好好考虑如何改善政府。我们想要什么样的公共产品和服务？为此我们如何更好地筹资？我们又如何找到愿意信赖的公务人员？

然而，美国在 21 世纪初最紧要、最现实的问题，就是融资需求超过了税收收入。生育高峰时期出生的一代必定会在接下来的 20 年里导致退休人数激增，这一财政缺口也会随之急剧扩大。人们自然应该不断探索新的途径，通过减少财政浪费来尽量弥合缺口。但是如果预算的削减导致沥青路变成了砾石路，那么一定是削减过头了。

反对政府管制的改革者有一个观点是对的，那就是通过消除浪费来节约资源要好过放弃有价值的事，但他们想当然地认为在市场经济中造成最大浪费的就是政府。他们常说，人们在花自己的钱时，远比国会的那帮政客要谨慎得多。

或许是这样。然而，再仔细想想，并非所有著名的政府财政浪费案例都像看上去那么夸张。例如，在本章开头提到的价值 7 600 美元的咖啡壶是由洛克希德·马丁公司生产的，那时候，我的一个大学同学，名叫罗纳德·杜博斯（Ronald Dubose），就在那里工作。洛克希德·马丁公司还生产了著名的价值 640 美元的马桶坐垫。杜博斯自视为自由主义者，他倾向于认为政府支出通常是极其浪费的。但是在一封电子邮件中，谈及这些咖啡壶和马桶坐垫的项目时，他却这样说：

> 那些臭名昭著的咖啡壶生产出来的时候，我就在洛克希德·马丁公司。事实上，我当时就负责检测咖啡壶。我来描述一下情况。
>
> 首先，飞机的动力来源有两种：28 伏的直流电和 115 伏、400 赫兹的交流电。这款咖啡壶的设计需要能够在 400 赫兹交流电下使用，完全不同于我们平常在厨房里用的咖啡壶。这是因为使用 400 赫兹交流电的发动机和设备比使用 60 赫兹交流电的体积更小、重量更轻。由于燃料必须支持飞机在 40 年左右的时间中飞往各地，飞机的每一千克重量在其寿命期限内带来的消耗都是十分巨大的。因此，使用 400 赫兹交流电是一个明智、经济的选择。其次，C-5 运输机的产量只有 120 架，所以开发费用在总成本中的占比微乎其微。最后，飞机上的任何设备都必须经过测试，以确保能够在军事条件下运作，并且不会起火或发生其他意外。这些测试通常包括 MIL-STD-810 环境测试，这其中有冲击、震动、高 / 低温测试等。

飞机需要经过硬着陆和几个小时的剧烈震动。仅仅进行这些测试就要花很多钱，要通过测试还需要其他花费。所以抱怨咖啡壶厂商其实一直是一种误解。考虑到初始花费和那么低的产量，我反倒惊讶这款咖啡壶竟然这么便宜。飞行员们本可以带保温瓶，这是大多数军用飞机必备的，但是 C-5 运输机是军用运输飞机，我确定研发飞机的人乐于进行这样的“投资”。

著名的马桶坐垫并不由我负责，因为这种坐垫用在 C-130 运输机上。然而，这并不是人们通常在哈德瓦公司（Ace Hardware）看到的坐垫，而是商用飞机上用的模塑玻璃纤维圈，覆盖着马桶，真正的坐垫固定在上面。无论如何，考虑到低量生产需要定制的模具和手工接合工艺，目前的费用已经非常合理了。

即使最臭名昭著的政府财政浪费案例是误解，然而，在其他案例中，肯定还有政府的采购人员没有争取最合适的价格。关于人性的一切事实表明，相比于花别人的钱，一个人在花自己的钱时更可能尽力搜寻较低的价格。并且，私人领域的竞争非常激烈，这有助于防止价格高出成本太多。

个人造成的浪费远超群体

尽管大多数人在买东西的时候都很谨慎，但实际上私人领域的浪费是显著超过公共领域的，这不仅仅是因为私人领域的范围要大得多。私人领域的许多浪费并不是因为人们在一些物品或服务上花费太多，而是因为人们的一些重要支出取决于相似处境下其他人的支出水平。这又可以证实达尔文的观点，那就是个体和群体的利益通常存在着明显的冲突。

试想，你要为孩子举办一场成年派对，你希望这个特殊的场合看起来“像样”一点。但是怎么才能做得“像样”，取决于你所处的环境。2005 年，纽约一位首席执行官花 1 000 万美元在洛克菲勒中心的彩虹厅为女儿举办了一场成年派对，他邀请了女儿的 150 多位朋友参加。客人们不仅在派对上欣赏到了一众知名歌星和乐队的表演，聚会结束时，每位客人回家前还拿到一袋派对礼物，里面装着价值 300 美元的 iPod 播放器，这是当时的“必需品”。[16]

尽管这位首席执行官在当时因为挥霍奢侈而饱受批评，但是可以想见，他身为一个父亲的动机是好的。他可能只是想通过举办派对来向世界宣告自己对女儿的爱，使之成为女儿难以忘怀的独特回忆。但是“独特”只是一个相对概念。由于他所处的金融圈内的其他人也会花重金为孩子举办特别的派对，因此在他所处的环境下，“独特”的标准是非常高的。这一标准，与 30 多年前相比，自然已高出许多，原因很简单，现在有钱人的家庭要比那时富裕得多。

中等收入的消费者和富裕的企业高管们所处的社交圈在很大程度上没有交集，但是对于中等收入的家庭来说，“独特”的标准也在逐渐提高。例如，我们可以考虑玛丽·埃伦·菲洛（Mary Ellen Fillo）对康涅狄格州这类家庭近年来发展趋势的描述：

> 苏珊·里尔登（Susan Reardon）是利奇菲尔德县一个快满 16 岁的女孩儿格蕾丝的母亲，她计划花 12 000 美元为女儿举办一个生日派对，她说：“我读到一篇关于青少年派对的文章，标题是《难道你不想拥有一个跟我一样酷的派对吗》，这足以说明一切。”派对计划包括为客人们设计特别的邀请函，在后院搭帐

篷，准备铺上亚麻布的圆桌、一个舞池、一支乐队，供应冰激凌圣代，还要播放庆祝的音乐。[17]

所有的家庭，无论收入高低，为亲人庆祝特别日子的花费都在逐年增加。2009 年，美国一场婚礼的平均花费是 28 082 美元。[18] 而在 1980 年，相应的花费按 2009 年的美元汇率换算，则为 11 213 美元。[19] 这些额外支出的累积效应，在很大程度上只是进一步抬高了“独特”的标准。这些活动的花费最终都远超以往，却没人觉得它们比以往更“独特”。

收入差距与支出瀑布

自由主义者所笃信的亚当·斯密的“看不见的手”理论，是建立在消费行为从根本上来说独立于环境的假设上的。

然而，环境是具有决定性的，这种情况下，导致人们花钱的因素通常会造成极大的浪费。例如，最近几十年来，随着美国企业高管薪酬的爆炸式增长，他们的豪宅越建越大，早就超过了限度，继续扩大也不会再增加效用。多数的高管想要或者需要建更大的房子，仅仅是因为“大”的标准改变了。

这一转变背后的原因是收入增长模式发生了根本的变化。第二次世界大战之后的 30 年里，美国所有家庭的收入，无论高低，都以不到 3% 的速率增长。但是就在 1970 年前后，这一模式发生了变化。从此以后，家庭收入增长率显著下降，但不包括位于收入分布顶端的家庭，这些家庭收入正以几乎有史以来最高的速率增长。例如，在 1980 年，美国最大的几家企业的首席执行官的收入大约是一名普通员工收入的 40 倍，如今却超过了 400 倍。无论如何分析数据，结论都是相同的。人们的收入水平越高，其收入的增长就越快。[20]

这一转变催生了一种我称之为“支出瀑布”（expenditure cascades）的现象。[21] 收入最高的人仅仅是因为收入更高就要建更大的豪宅。中产阶级对此却并不介意，恰恰相反，许多中产阶级似乎乐于欣赏展示富人和名人生活的图片和电视节目。但是，富人建造的更大的豪宅改变了其他接近富人阶层的人的住房标准，因为他们出入的许多社交圈是相同的。可能在这个圈子里早已约定俗成，要举办 36 人的晚宴，而不是 24 人的；或者要在家中举办婚礼，而不是在酒店或俱乐部举办婚礼。所以这些接近富人阶层的人的住房也越建越大，从而改变了其他仅次于他们的人的相对参考框架，由此向收入越来越低的人依次传递。到了 2007 年，美国新建的独户住房面积的中值超过了 214 平方米，与 1970 年相比增长了 50%。[22]

如今在美国，中等收入的人并不会因为收入多了就建大房子，或者花更多的钱庆祝特殊场合。实际上在过去的 30 年里，中等收入家庭的收入增长并不显著。他们之所以建更大的房子、花更多的钱，是因为其他跟他们一样的人也在建更大的房子、花更多钱，这是由正在发生变化的收入增长模式导致的。类似的“支出瀑布”不仅发生在住房和庆祝特殊场合的派对上，在其他许多领域也是如此。

当然，并非所有额外支出都是毫无价值的，例如，一颗更大、更纯净的钻石所折射出的光，就连荒岛上的独居者也会觉得赏心悦目。但是这些额外支出中的大部分都被浪费了。一旦住房面积超过一定的限度，对于更大的空间的需求就不再来自其所带来的内在效用，而是几乎只取决于社会因素。住房面积增大还会带来许多额外的麻烦。人们至少要雇用和管理更多的人来看护房屋，这就增加了心生不满的雇员四处造谣的风险。还有很多诸如此类的麻烦。如果最大的那些豪宅都更小一些，拥有这些豪宅的人其实会更幸福一些。

此外，还要考虑到一个事实，那就是消费者总支出比政府支出的两倍还要多，由此，对于私人领域的浪费超过公共领域这一论断，任何理性的人都不会觉得不可置信了。

如何解决资金短缺的问题

无论何时，重要的问题都不是私人领域的浪费是否超过公共领域，而是我们应该寻找更多的资源来解决最为紧迫的资金短缺问题。消除政府财政浪费的努力一直没有停止，但是经验表明，这并不会带来突如其来的重大突破。饿死政府这头“野兽”的结果似乎弊大于利。收入增长方式的转变改变了人们必要的支出，这是另一头“野兽”。为了强调环境对重要支出决策的影响，我称其为“地位消费野兽”，它比以往任何时候的政府都更加贪婪。

人们目前才刚刚开始寻找消除私人领域浪费的方法。我将会在下一章讲一个好消息，那就是消除私人领域的浪费相较于公共领域而言会更加容易。事实表明，通过使人们的动机发生简单的、不那么剧烈的改变，就可以饿死“地位消费”这头野兽。

THE DARWIN ECONOMY

THE DARWIN ECONOMY

05

控制“地位消费”：得不偿失的军备竞赛

根据达尔文的观点，个人动机与群体动机之间经常存在激烈的冲突，这在军备竞赛中体现得最为明显。但是，一直以来，尽管我们对军备竞赛这一比喻早已习以为常，却并没有完全理解它。

无人获益的军备竞赛

简单来说，军备竞赛就是这样：个国家通过扩充武器装备可以在与另一个国家的竞争中胜出，这会促使竞争对手也扩充武器，以维持平衡。接着，前一个国家进一步扩充武器，继而导致竞争对手再一次回应，如此往复。最终，双方只是在武器装备上花费了大量资金，没有任何一方的安全性得以提高。

假定两个竞争对手的军备水平起初相差无几，那么想必大家都能认可的是，军备竞赛这一过程从根本上来说是一种浪费。如果两个国家都减少在军备上的花费，增加在学校、住房、医院、道路和其他非军事物品上的支出，对双方来说都要好得多。

对此，基本的解决方法是签订军事管制协议，双方承诺削减军备开支。缺乏信任可能是达成协议的最大障碍，而成功签订的协议几乎都会赋予双方互相检查的自由。正如罗纳德·里根所说：“信任，但要查证。”

到目前为止，这些说法都很合理。但是仍有一个尚未解答的重要问题：准确地说，在什么情况下可以认定发生了军备竞赛？如果有人说有什么东西过量了，言外之意，肯定是有其他东西存在短缺。在军备竞赛的例子中，过量的是武器，不足的则是日常消费品。但是为什么由此导致的失衡不是反过来的？为什么各个国家互相之间的角逐，不是通过减少在军备上的支出，来修建更多更好的医院和道路呢？

这个问题的答案很简单，但颇有启发性。尽管一个国家在军备和公共设施这两个领域里的发展都取决于其所处的环境，但环境对军备的影响更甚。在两个国家的案例中，一个国家的军备是否充足几乎完全取决于另一个国家的军备情况。如果一个国家的军备更充足，另一个国家的主权就会面临危险，前者就是安全的。

环境会影响消费品，但是程度远不如对军事装备的影响。比如说，如果消费者了解到敌对国家的公民有更好的电视和更豪华的汽车，他们或许会心生不快，但是这些不快所造成的损失远远比不上失去政治主权。

之所以会发生军备竞赛，正是因为存在这样的不对等。现在我想做一个假设，那就是环境对消费品的影响比对军事装备更大。一个国家可能会通过制造更多的炸弹来超越敌对国家，但是由此带来的直接后果是减少了在面包机上的开销。如果面包机落后于对手国家的代价比在武器装备上落后更大，那么这个国家从一开始就不会倾向于制造过多的炸弹了。相反，两国之间将会进行一场受相对水平影响的、双方致力于制造更多面包机的“军备竞赛”。每一个国家在面包机上的花费会越来越多，以努力超过竞争对手，并在这一过程中不断抽走用在军事装备上的资源。这种情形之所以没有发生，完全只是因为环境对军事装备的影响超过了对消费品的影响。

关于军备竞赛还有其他几个需要注意的要点。其中之一便是军备竞赛并不是出自非理性行为。在许多国家看来，把维持与敌对国家同等的军备力量放在优先位置，是完全合理的。能否维持主权取决于一个国家自我保卫的能力，军备不足则会削弱这一能力。

军备竞赛也并非源自竞争的缺失。相反，一直以来，军备竞赛反而使各国因抢夺重要资源而引发最直接的竞争。竞争越激烈就越容易引发军备竞赛。

军事管制协议也没有什么稀奇。自由主义者如果因为这限制了签署方制造炸弹的自由而反对军事管制协议的话，就太愚蠢了。签署方的意图正是限制自己制造炸弹的自由！各国乐于签署这样的协议，是因为他们知道，如果他们保有自主权，最终在炸弹上的花费就会过度。

到目前为止，有关军备竞赛特点的叙述完全没有争议，但这并不意味着军事管制协议不会有争议。比如说，如果没有切实可行的办法防范对方的欺骗行为，那么一个国家的领导者拒绝签订协议或许才是理性的。

如果领导者们相信，军备竞赛最终会对他们有利，那么拒绝签订军事管制协议同样可能是理性的。例如，据说里根曾在 20 世纪 80 年代支持建设战略导弹防御系统，部分原因在于他相信这会迫使苏联也采取同样的行动，从而加速这一美国首要竞争对手的经济崩溃。

总而言之，势均力敌的国家之间开展军备竞赛是一种浪费，共同签订限制军备支出的协议对各方都有利，这几乎是全世界的共识。如果哪个国家不愿签订协议，通常是出于现实层面的担心，比如无法切实有效地查证或者资源分布不均衡，而并非站在抽象的哲学角度——担心丧失独立行动的自由。

经济领域的“军备竞赛”

在军事竞争领域是这样，在经济竞争领域也是如此。例如，在体育运动中，无论是个体还是团队的成绩都在很大程度上取决于相对表现。如果一名短跑运动员服用激素，他拿到奖牌的概率就会提高。如果一名出色的选手加入一个团队，也会提高整个队伍获胜的概率。这些举动也有着明显的弊端。激素会使服用者面临严重的健康风险，而聘请明星运动员的花费则非常昂贵。但是，不论是从个人角度，还是团队的角度看，都是利大于弊的。问题在于，如果所有的短跑运动员都服用激素，所有的队伍都花费高昂的代价争抢明星运动员，那么将不会有任何人、任何一方获得竞争优势。

与军事竞争领域一样，运动领域的解决方法也是签订“地位军备”控制协议。有些国家的管理机构会进行随机的药物测试，并严厉处罚违规的人。其他社团联盟则对薪水设置上限以限制工资总支出，赛车协会也会对发动机排量施加限制，诸如此类。所有这些限制都是为了解决类似军备竞赛的问题。除了自由主义者之外，并没有多少人觉得这些举措严重侵犯了个体的权利。

阻碍协议签订的现实因素，也同样阻碍了协议的实施。例如，已故的纽约洋基队前经理乔治·施泰因布伦纳（George M. Steinbrenner）曾成功阻止其他棒球队老板在美国职业棒球大联盟中获取更大的利益分成，并设定更为严格的收入限制。施泰因布伦纳可以从当地有线电视的收入中分享可观的收益，他知道自己可以借此给明星职业运动员更高的报价。他还知道，尽管阻止收入设限和收益分成会增加包括他的队伍在内的所有队伍的工资支出，但是拥有一支持续获胜的队伍远不止可以弥补这一劣势。

施泰因布伦纳反对设定工资限制和收益分成，这增加了其他队伍老板的成本，最终这些成本将由球迷承担。按照经济学家的说法，这些政策造成了“地位外部性”（positional externality）。

以上论述是人们熟悉且没有争议的。令人感到陌生的，则是相似的外部性可以使日常消费模式产生相似的浪费。在第 4 章，我曾论述过迫使人们在住房和特殊场合的庆祝上过度消费的因素。这一论断中暗含着一个推论，那就是他们在别的事物上的花费必然过少。那么这些事物又是什么呢？人们又为什么在这些事物上花费过低呢？决定军备竞赛的逻辑为这些问题提供了系统的解释。

人们的价值判断会受到情境的影响

通过以下一些简单的思想实验，我们很容易从直觉上理解在不同情形下环境的重要性。在每一个实验中，你需要在两个相似的情形中做出选择，两种情境除了文中指出的不同外，其他方面都是一样的。而且实验假定两种情境会一直持续下去。

第一个思想实验探究的是环境对住房估值的重要性：

> 以下两种情形你会选择哪一个？
>
> 情形 A：你居住地区的住宅面积为 557 平方米，其他人居住地的住宅面积则有 743 平方米；
>
> 情形 B：你居住地区的住宅面积为 372 平方米，其他人居住地的住宅面积只有 279 平方米。

即便是按照美国如今的标准来看，4 种住房面积都算是大的。不过，不要妄想你在情形 A 中可以通过努力工作搬到房子更大的住宅区，选择 A 意味着永远住在相对更小的房子里。

根据亚当·斯密的“看不见的手”理论所蕴含的标准经济模型，要做出这一选择是不需要多想的。在那些模型中，环境完全不重要。你对住房的评价将仅取决于其绝对面积，由于在情形 A 中的住宅面积更大，所以你自然会把情形 A 当作更好的选择。然而在人们实际做出选择时，却并不是这么不假思索。通常，他们会花费一些时间仔细考虑一番，最终多数人选择了情形 B。

现在考虑第二个思想实验：

> 以下两种情形你会选择哪一个？
>
> 情形 A：在一年里，你死在工作岗位上的概率是万分之二，其他人则只有万分之一。
>
> 情形 B：在一年里，你死在工作岗位上的概率是万分之四，其他人则为万分之八。

与第一个思想实验类似，你同样需要在绝对优势和相对优势之间做出选择。如果你选择情形 A，那么你死在工作岗位上的概率只有情形 B 下的一半。但是你的工作在情形 A 下是更危险的，而在情形 B 中却是相对更安全的。

我曾对不计其数的人进行过这一思想实验，询问对象包括大学新生和退休人员等各种类型的人。几乎所有人都选择了情形 A。与第一个思想实验不同的是，相比于相对优势，参与第二个思想实验的人一致偏好绝对优势。

我们能从这些选择模式中知道些什么呢？在第一个思想实验中选择情形 B 的人给出的理由大多是，尽管情形 B 中房子面积的绝对数值比情形 A 中更小，但是他们觉得自己在情形 B 下的满意度会更高。房子的绝对大小当然也很重要，但是一旦超过一定限度，环境对大多数人的影响就会更大。

参加第二个思想实验的人同样给出了他们的理由，他们当然不希望像情形 A 那样，自己的工作危险性是其他人的两倍，但是相比于情形 B，他们宁愿接受这一现实，因为他们在情形 B 下工作的危险性是情形 A 下的两倍。

借用已故经济学家弗雷德·赫希（Fred Hirsch）的说法，两个思想实验所呈现的选择模式表明住房是一种“地位物品”，而工作场合的安全性则是“非地位物品”。[1] 地位物品的价值对环境极度敏感。现实表明几乎所有的价值判断都会受到环境的影响，但地位物品相对来说受到的影响更大，非地位物品受环境的影响则相对较小。

正如我们从军备竞赛的例子中所看到的，当环境在一些领域的影响更大时，就会导致浪费性的扭曲结果。各个国家之所以制造过量的炸弹，是因为它们的武器储备是否充足取决于它们之间的对比情况。环境对消费品也有影响，但远远比不上其对武器装备的影响。

相同的逻辑意味着，人们对地位物品的消费会发生扭曲的过剩。在两个思想实验中，扭曲所涉及的物品是住房和工作安全性，对此，我们来补充一些细节。两种物品都是人们想要的，也都是需要付出代价的。我们曾在第 3 章讨论过，在标准的“看不见的手”理论看来，在竞争市场中，人们会选择安全性和住房条件的最优组合。极度厌恶风险的人可以选择更安全的工作，只不过也要接受更低的工资（因为给台锯安装防护套是需要花钱的），同时也意味着不得不减少住房上的花费。不那么在乎风险的人则可以选择更危险但工资更高的工作，从而可以提高住房上的花费。

自由主义者和热衷于“看不见的手”理论的人辩解称，如果政府对工作场所的安全性进行管制，就会迫使人们增加对安全性的支出，比他们原本愿意支出的要多。例如，试想某个人正考虑是否接受更危险的工作，以赚取更高的收入，购买更贵的房子。依据标准的“看不见的手”理论，如果增加住房面积带来的价值超过了安全性降低造成的代价，这个人就会接受这样的工作。但是，只有增加的住房面积的价值超过可以恰好补偿降低的安全性这一平衡点时，他才会接受风险的提高。“看不见的手”理论的支持者认为，如果强迫他承担增加在安全保障上的支出，那么买到的安全的价值也会比不上他付出的代价。

然而，如果相比于安全，住房的价值更易受环境影响，那么上述观点就不再成立了。因为如果环境会产生影响的话，那么就会有两个全新的因素进入成本 – 收益的权衡中。从事更危险的工作不仅可以使人住上更大的房子，而且可以住上与别人相比更大的房子；另外，无论是从绝对水平上讲还是相对水平上讲，这同样也意味着安全性降低。

之所以要考虑环境，是因为决策中需要考虑的两个新的因素是极不对等的。只要可以让你的孩子进入更好的学校，相对更贵的房子就非常重要。相比之下，工作安全性的降低只是次要的。因此，在传统理论解释中加入这两个相对概念，会使最终的决定倾向于接受危险性更高的工作。但是这会产生问题，因为人们追求的这些相对优势是会相互抵消的，无论有多少人希望通过接受更危险的工作来取得相对优势，也只能有一半的人可以最终获得这种优势。

这一简单的事实是对传统的“看不见的手”理论的一记重击。即使所有的决策者拥有充分的信息并且完全理性，即使所有的劳动力和商品市场都是充分竞争的，也并不意味着市场中“看不见的手”会导致对整个社会最有益的结果。不断有事实表明，如果住房是地位物品，安全是非地位物品，不加管制的市场中就会出现过大的房子和过于危险的工作。

如果人们投票选出的立法者，实施的正是限制工作场所安全的制度，那么包括自由主义者在内的一些人就没有理由抱怨这些制度剥夺了人们自主选择承担多大风险的权利。如果虚幻的相对收益是驱使个体选择额外风险的首要因素，那么这一选择或许最好由集体做出。所以，抱怨这些规定限制了个体自由就如同抱怨戴头盔的规定限制了冰球运动员的个体自由。确实如此，但这也正是关键所在。

当然，市场结果不够完美并不意味着政府干预就必然可以导致更好的结果。政府也有其不完善之处。重要的是，管制最终是否奏效只能取决于管理政策是否有效。口头上喊“个体自由至上”是不能解决问题的。

军备竞赛带来的教训是，人们消费了过多的地位物品，而非地位物品却不足。哪些物品是地位物品，哪些又是非地位物品呢？达尔文的理论框架有助于我们思考这一问题。衡量成功的首要标准，就是个体把基因传递给下一代的能力。因此，某一类物品的增加越能提高个体繁衍的成功率，就越具有地位物品的属性。

例如，雄性麋鹿的鹿角之所以成为优势，是因为鹿角可以让雄性麋鹿赢得与雌性麋鹿的交配权，而这几乎完全取决于鹿角的相对大小。鹿角更大的代价是在茂密的树林里行动不便，会使雄性麋鹿更容易被狼或其他捕食动物捕杀。但是，纯粹从达尔文的观点来看的话，如果行动灵活需要以鹿角相对较小为代价，灵活性是没有意义的，因为这种雄性麋鹿的基因不能传递下去。因此，对雄性麋鹿来说，鹿角是一种地位物品，而灵活性则是一种非地位物品。正是因此，雄性麋鹿群体过度追求大鹿角而忽视了灵活性。

上述达尔文的观点也为衡量其他物品提供了参考。例如，花时间赚更多钱是否比把相同的时间用于休闲更具有地位性。就像前面提到的，在人类神经系统的进化过程中，饥荒频频发生，尽管食物总是充足的，但也只有那些收入相对更高的人才能吃饱。相比于有更强烈的意愿赚更多钱的人，愿意花更多时间休闲的人更容易挨饿。因此，在达尔文的理论框架下，收入比休闲更具有地位性。

这与以下思想实验中体现的行为模式是一致的，这个思想实验类似于我们先前讨论过的两个思想实验：

> 以下两种情形你会选择哪一个？
>
> 情形 A：你每年有 4 周假期，其他人则有 6 周；
>
> 情形 B：你每年有 2 周假期，其他人只有 1 周。

面对这些选择，多数被试选择了情形 A，表示相比于相对优势，他们更偏好绝对优势。接下来的讨论表明，多数被试不希望自己的假期比别人短，但是相比于放弃一半的假期，他们宁愿接受这一现实。

相同的逻辑也适用于其他非物质性消费，比如，避免噪声和污染，应该不如因此减少的收入更具有地位性。[2] 同样，申诉程序、工作丰富度和舒适的条件等工作场所中的便利则不如因此减少的工资更具有地位性。

相比之下，达尔文认为，在抚养后代上的投入是高度地位性的。如汽车、衣服和珠宝等容易观察到的消费物品，应该比保险等观察不到的物品更具有地位性。

储蓄也不容易被观察到，因此也可以认为是不具有地位性的。然而，与此相反，如果今天的储蓄减少了，意味着未来可以消费的地位性物品也会减少。但是人们普遍倾向于低估未来的成本和收益，反过来又大大削减了成本和收益。今天储蓄减少当然会造成以后可消费的地位物品减少，但是今天的减少是立刻可以感受到的，而未来的减少只存在于想象中。更重要的是，很多生活早期的支出，比如趁孩子还小的时候买学区房，本质上比更晚一些的支出更具有地位性。年轻一些的父母可能会自我安慰："现在就把孩子送进我们能力范围内最好的学校，退休的事等以后再操心吧。"总而言之，储蓄是非地位性的。[3]

公共产品出于其所具有的基本属性也是非地位性的。私人产品对不同的人来说数量和质量都会不一样，不同的是，公共产品的数量和质量对所有人来说都是一样的。因此，人们无法通过公共产品获得相对优势。

以上推论与众多研究的实证结果在很大程度上是一致的[4]，与世界各国的管理、税收和公共支出模式也是一致的。

如何让管制发挥有利的作用

管制可以产生实际影响。反对政府管制的积极分子坚持认为管制是不好的，自然也有很多监管不善的例子。但是我们不能忽略相反的情形，也就是很多管制政策也会带来一些好处。从这个观点出发，研究议员们会通过民主选举选择什么样的管制政策，我们就可以知道如何让管制发挥好的作用。

例如，美国的大多数地区对儿童入学都有这样的规定：如果在秋季学期的某个日期前满5岁，当年就要上幼儿园。这项规定的意图何在呢？如果父母可以自由选择孩子的入学时间，那么他们都会觉得延迟一年入学会更有利。这样，孩子入学时的年龄更大、更聪明、更强壮，在情绪上比同学更成熟，在学校的表现会更出色，更容易赢得运动比赛，也更有可能考入优异的大学。但是一旦有一些父母通过让孩子延迟入学来积累优势，其他父母也会迫于压力这么做。最终，所有的儿童都晚一年入学，但是能进入好大学的人数并没有因此增加。基于这一情形，也就不难理解人们为什么会希望他们选举出的议员强制规定入学时间了。

多数国家同样也会对工作场所的安全性进行管制。采取的措施基本上要么是促使人们增加储蓄，要么是提供补贴，因为许多人在退休时没有足够的储蓄。许多国家制订计划，致力于促进不同地区之间的教育均衡。多数国家会想办法缩短工作时间，其中有许多设定了工作假期的最低要求。

这些管制恰好印证了我的猜想：私人消费模式在某些领域更容易受到环境的影响，价值判断会由此发生扭曲。而且我在别处也曾论证过，除此之外的其他解释多数是自相矛盾的[5]，它们多数也存在机会没有被充分利用的问题，这一点我在第3章曾经讨论过。如果市场像看起来那样具有竞争性，而且所有领域的价值评估对环境同样敏感，那么多数的管制政策就基本没有必要了，因为“看不见的手”会解决一切问题。

累进消费税：限制个人浪费的重要途径

还好实施管制政策并不是抑制过度消费的唯一途径。如果问题在于人们对地位物品花费过多，而对非地位物品花费不足，那么要纠正失衡，最温和的办法就是改变相对定价。如果信息是充分的，政府也是完善的，我们只需要根据环境对每种物品影响的程度设定不同的税率。最具有地位性的物品税率最高，比较具有地位性的物品税率其次，以此类推。

尽管一些研究者已经开始对某类物品影响的差异进行估算[6]，但是现有的知识太支离破碎，这样的研究根本没法进行。哪怕我们再了解这些数字，为每一种物品设定不同的税率在政治上也要花费很大的代价。立法者们便会被说客包围，这些说客会标榜自己生产的产品如何不具有地位性，因而应被免除税负。

在我以前写的书中，我曾主张采取一种更简单、更有效的方法，也就是取消现行的累进所得税，转而征收高得多的累进消费税[7]。这种方法是基于奢侈品比必需品的地位性更强这一事实而得出的。区分哪些是奢侈品显然存在一些困难，但是，考虑到奢侈品具有依赖环境的内在属性，我们至少可以确定，消费最高的那些人最可能把最后一美元花在奢侈品上。因此，急剧累进的消费税本身就是一种奢侈品税，不必考虑如何界定哪些物品是奢侈品。

实施累进消费税政策的方式简单明了。[8]同现在一样，纳税人要向税务机构申报自己的收入。他们还需像现在的个人退休金账户和其他免税退休账户所要求的那样申报一年里的储蓄。最终，人们需要对他们的“应税消费”缴税，应税消费也就是收入减去年度储蓄，再减去标准免税额。[9]边际税率会随应税消费的增加而上升。如果税收是收入中性的，顶层的边际税率会显著高于当前针对收入的边际税率，以弥补因减免对储蓄征税而减少的税收。但是，如果美国政府想要修复破败的基础设施，处理苏联时期遗留下来的核武器，在生育高峰期出生的一代人退休的时候恢复收支平衡，那么就需要更多的税收，而这需要进一步增长最高段的边际税率。

通过提升边际税率来增加税收收入的提议，总会引起人们的顾虑，认为提高税率可能会抑制储蓄和投资。实际上恰恰相反，累进消费税会促进人们增加消费和储蓄，尽管针对较高消费的边际税率是非常高的。

如果这种税收政策可以直接促进高消费人群的储蓄，那么它也会间接影响其他人的消费。毕竟，每个人的消费都构成了其他人消费的参照系。考虑到环境的重要性，累进消费税的间接影响肯定比它的直接影响还要大。

我在第 4 章讨论过的支出瀑布促使美国许多中等收入家庭过度消费。如果收入最高的人增加储蓄并减少在住房上的消费，这会改变收入仅次于他们的人在住房支出上的参照系。所以，这些人也会减少住房消费。以此类推。高收入的人也会减少在庆祝特殊场合上的花费、在礼物上的花费和在珠宝上的花费。这些变化同样带来类似的间接影响。

所有事实表明，这其实是件好事。在 2005 年至 2006 年间，美国家庭总储蓄率是负数。实际上，这是美国人在“大萧条”之后的几年里首次出现入不敷出的情况。2008 年的金融危机击垮了全球的经济，而低储蓄率则加剧了金融危机。自由派和保守派在数十年里一致认为，如果美国人都减少消费，同时增加投资和储蓄，那么所有人的境况都会变好。要想增加储蓄，人们必须共同行动。累进消费税可以说是实现这一目标的理想工具。

累进消费税可在增加税收的同时，抑制人们给他人造成损害的行为。花 1 000 万美元为女儿举办成年聚会的首席执行官可能本不想伤害别人，然而他的行为却造成了伤害。他的行为通过改变界定特殊场合的参照系，使他人面对艰难的选择：要么增加支出，要么保持支出水平但显得他们并不重视这一场合。如今，许多中等收入家庭的十几岁的孩子都希望父母雇小丑或者魔术师在自己的生日派对上表演。然而现实表明，派对支出增加后，孩子们并没有变得更快乐，这时候如果还坚持认为参照系的改变不会对其他人造成损害，可就有点儿奇怪了。

你在下一章中可以看到，人们通过避免遭受他人行为的伤害而获得的收益，与限制其他人的行动自由所需的代价，两者孰轻孰重，我们必须做出权衡。累进消费税的作用正在于此。例如，设想一个每年消费 1 000 万美元的家庭，正在考虑增加 200 万美元的住房花费。如果最高边际税率是 100%，那么这项支出计划将花费 400 万美元。如果该家庭实施这项计划，其支付的税可以减少政府 200 万美元的财政赤字。

该家庭也可以缩减支出，只在住房上增加 100 万美元的花费。此时需要支付的税为 100 万美元，同时还增加了 200 万美元的储蓄。政府赤字会因此下降 100 万美元，额外的储蓄也会刺激投资、促进经济增长。无论哪一种选择，都不会对富裕家庭造成实质损害，因为如果所有富裕家庭都采用最初的支出计划，由此导致的结果仅仅是重新确定房屋的合理定价。

重要的是，通过极高的消费获得的效用几乎完全是地位性的。能够促进高收入者增加储蓄和减少消费的税费，对于这些人几乎没有直接的负面影响。恰恰相反，正如我在第 4 章提到过的，如果对所有人来说最贵宅邸的价值涨幅变小，很可能会让高收入者更开心。管理昂贵的住宅会很麻烦。

自由主义者最应积极支持税收政策，而不是支持用规范性管制来抑制伤害别人的行为。征税并不阻止人们做他们想做的事，只是增加了人们做这些事的成本。采用征税方法来抑制地位物品的外部效应的优势就类似于通过排污税来抑制环境污染的优势。

在环保领域，对一些企业来说，减少污染的成本是所有成本中最高的，但是即使要交排污税，继续排放污水仍是有利的。与此类似的是，对于一些家庭来说，降低消费非常困难，因而即使税率升高，这些家庭仍可能通过额外的支出来维持原有的消费水平。但无论是在环保领域还是在消费领域，我们想要阻止的伤害更大程度上取决于整体行为，而不是某个个体或者某个企业的行为。正如征收排污税可以使多数企业减少污染，从而减轻污染带来的损害，累进消费税也可以通过促进人们进行储蓄而减轻地位物品的外部效应带来的花费。

尽管当前对地位性的认知还不充分，最新的证据为理解急剧累进的消费税如何影响社会福利带来了一些启发。与现在的所得税相比，累进税制可以减少高端消费而增加公共消费。如果富裕的消费者总体上来说是理性的，那么削减私人消费应该从对他们来说最不急需的物品开始。尽管政策存在缺陷，政府至少也会将一部分税收用于提供选民支持的公共服务。那么，现实问题在于，削减最不急需的私人高端消费品支出所造成的损失，是否高于增加对人们最重要的公共服务所带来的收益。诚然，如果一个社会的私人消费极低，而公共物品消费又极高，那么实施累进消费税肯定会减少社会福利。那么对于私人消费很高且公共服务水平很低的社会来说呢？近几年来美国的情形便是如此。

在缺乏详尽事实证据的情况下，可以保守推测，面对急剧累进的消费税，高端消费者率先削减的支出恰好就是他们在收入增长时增加得最多的支出。正如我在第 4 章讨论过的，近年来增长最显著的高端消费是住房和特殊场合的庆祝活动。这些消费都是具有高度地位性的。

在高边际消费税率之下，最富有的家庭一定会减少为孩子举办派对的花费。如果他们这么做了，那么定义他们所处的圈子中特殊场合的标准就会相应发生变化。谁会坚持认为这些变化会给孩子们带来重大损失呢？

急剧累进的消费税增加了财政收入，这对公共服务的影响会是怎么样的呢？即使增加的收入中会有一部分被浪费，其余多数也会用在有益的事情上，比如，可以修理 35 号州际公路上那座在 2007 年 8 月 1 日坍塌的危桥，这座桥位于明尼阿波利斯市中心，坠入了密西西比河，导致 13 人身亡，145 人受伤；或者可以检查那些目前未经检查就可入港的货物集装箱。

虽然证据有限，但是我们总可以推测特定的税收政策的变化可能对福利造成的影响。想必多数经济学家都会认同的是，住房变小（因而更便宜）给富裕家庭带来的损失，要低于安全性升高（如使用安全性更高的公路）带来的收益。如此，安全性提升带来的好处对非富裕家庭来说纯粹只是意外之财。

传统观点认为，税收政策使人们面临公平与效率之间的艰难抉择，上述结论为反驳这一观点提供了依据，我将会在第 10 章进行进一步论述。如果正像我观察到的那样，环境塑造了人们的支出模式，那么无论是从公平的角度讲，还是从当前偏低的经济效率来看，提高针对高收入者的边际税率都是正当的。

我们为什么必须纳税

我从好多年前就开始主张实施累进消费税政策。当我对我的自由主义者朋友们说起的时候，他们通常觉得这是一个有用的办法，但是紧接着他们又会觉得在政治上不可行。主宰美国政治进程的强势的反税收、反政府管制力量使人们很容易受到这种消极态度的影响。但是，不进行税收改革的话，迟早会面临问题。继续借款和缩减必要的公共服务支出可以维持一阵子，却不能永远维持下去。等需要做出权衡的时候，累进消费税就成了可行的选择。

实际上，美国参议院早在 1995 年就在佐治亚州民主党参议员萨姆·纳恩（Sam Nunn）和新墨西哥州共和党参议员皮特·多梅尼西（Pete Domenici）的支持下提出了这一税种。这一提案因没有争取到预算而没能排在议程首位，但是自此之后的几年里，也不断有其他人宣扬类似的提案。我在 1997 年发表的文章[10]中曾提倡采用累进消费税，之后不久，我收到一封来自米尔顿·弗里德曼（Milton Friedman）的来信，他直到 2006 年去世时都是美国小政府保守主义理念的拥护者。我发表文章时，美国的财政几乎有巨额的盈余，因此弗里德曼在信中写道，他并不同意我提出的政府应该筹集更多资金的观点。但是他也补充道，如果政府确实需要额外的资金，累进消费税是最好的办法。他附加了一份他在 1943 年的《美国经济评论》上所发表文章的复印件，在这篇文章中，他声称这种税是为战争筹资的最佳途径。[11]

保守党中的许多其他人提倡固定税或增值税，这些税本质上来说属于全国性的销售税。但是，由于富人的储蓄占收入的份额相比于穷人更大，这些税是极具累进性的。对一切消费征收相同比率的税实际上会增加这个国家最富有的人的可支配收入，从而使“支出瀑布”现象更加严重。引发那些“支出瀑布”现象的就是富人增加消费的行为。若要将资源导向更有生产力的用途，对高消费者征收较高的边际消费税就是必要的。累进消费税可以做到这一点，增值税却不能。

经济学家劳伦斯·塞德曼（Laurence Seidman）提出，要实行累进消费税，第一步最好是在维持当前所得税的同时把累进消费税当作一种补充性的附加税。[12] 在他的提议下，调整后总收入不足 100 万美元的家庭可以完全免缴附加税。而那些收入更高的家庭则需汇报他们每年的储蓄，以年收入减去储蓄的差额作为年消费支出。因而，累进的附加税只是对消费中超出 50 万美元的部分征收的。[13] 最终，通过逐渐降低征收附加税的门槛，累进消费税会彻底取代所得税。

这种方法可以暂时刺激支出增长，给疲软的经济带来切实的效用，这使塞德曼的提议更有吸引力。关键一步是，要马上批准附加税，但是延迟至经济状况接近充分就业时再实施。在税收政策生效之前，富裕家庭忙于扩建住宅和大肆举办派对，仅仅宣布税收政策会掀起额外的高端消费浪潮，这肯定不是刺激额外支出的最佳方法。但是，相比于放任总支出低迷，远远无法达到充分就业状态，这种方法显然好一些。

长期来看，累进消费税会逐渐改变最终的支出结构，使之由消费转移至投资，从而逐步提高生产力。如果经济下行，免税或减税会成为有力的刺激手段，因为人们只有理性增加消费才会从中获益。与此相反，临时削减所得税只能起到微弱的刺激效果，因为心怀恐惧的消费者通常会把钱存起来。

自由主义者自然可以像指责其他税收一样指责累进消费税：“这是小偷的行为！这是社会工程！弗兰克好像以为华盛顿的那帮政客比我们还懂怎么好好花国家的钱！这是阶级斗争！”

成熟的人能够理解为什么必须征税。目前，美国对储蓄征税，这会减少生产性投资。美国还对工资收税，这会减少就业。为什么不对过量的事物收税呢？

THE DARWIN ECONOMY

THE DARWIN ECONOMY

06

深度理解竞争：完全竞争中的加害者与受害者

几乎在任何一个欧洲国家，个人行为都比在美国要受到更多管制。如今在美国，个人行为也受到比一个世纪前更多的管制。这两组比较结果的根本原因都在于人口密度的差异。欧洲的人口密度一直远大于美国，美国当今的人口密度也比过去要大。人口密度越大，人与人之间发生冲突也就越频繁。

社会并不仅仅是人口密度在增大，人与人之间的相互影响也在加深，而相互影响加深的部分原因恰恰在于人口密度增大。这种趋势还会持续下去，因此人们对于管制的需求会越来越大。一个社会越是能够以明智的方式应对这种需求，就越可能繁荣昌盛。

但是，除非政府能理解使规则成为必要的市场失灵现象，否则就不可能采取最佳补救措施来对市场失灵加以纠正。自由派人士一直认为，市场失灵的根本原因在于自然或人为的阻碍因素使市场无法达到完全竞争状态。然而人口密度增大并不会导致产品市场上出现垄断，也不会让劳动力市场的竞争程度降低，所以最终也并不会降低消费者的理性程度或是损害他们的知情权。因此，管制与人口密度之间的正相关性并不能为传统的自由主义观点提供依据。

然而，这种联系却完全符合达尔文的观点：个人利益与集体利益经常存在严重的冲突。当个人利益与集体利益背道而驰时，人口密度越大，人们能够加害他人的机会显然也就越多。

达尔文本身并未就如何缩小个人利益与集体利益之间的鸿沟发表太多意见。毕竟，大多数动物只有极其有限的集体协作能力。人类却显然是动物中的一个例外。即使是最早期的狩猎采集者，也广泛应用社会规范来限制社会成员的自利行为。[1] 然而，那个时代的人类却不太了解如何以最有效的方式去限制那些加害他人的行为，可谓仍然处于蒙昧之中。

每一个加害他人的人类行为都强调了增加管制的必要性，这并不是一种过分夸张的说法。但显然禁止一切有害他人的行为是不可行的。人们应当这样理解穆勒提出的伤害原则：政府限制个人自由的唯一正当理由是防止过度加害他人。一直以来，我们都允许有害他人的行为发生。例如，不友善的评价会伤害他人，但我们仍然有限度地允许人们做出这类评价，因为剥夺言论自由带来的危害会更加严重。与此类似的是，我们也允许一家公司通过降低价格损害商业竞争对手的利益，尽管这样做甚至有可能会导致对方破产，但若禁止采用这种竞争手段会给消费者带来更大的坏处。伤害原则必须这样理解才有道理：某种对于个人行为的限制是否正当，应当比较进行限制所需的成本与该行为不受限制时其他人受到的伤害大小，依据这两者孰轻孰重来决定。

科斯的成功之处

罗纳德·科斯（Ronald Coase）于 1991 年获得诺贝尔经济学奖，主要由于他极大地帮助人们改变了对上述精细权衡的看法。科斯在英格兰出生并接受教育，在职业生涯后半段，任教于芝加哥大学法学院。芝加哥大学里的自由市场坚定支持者们十分尊敬他，将他视为研究加害他人行为的学界权威。

激进的自由主义者不愿承认这些加害他人的行为理应受到规制者的监管。但那些更为认真的自由主义者一直都承认不放任人们肆意实施加害行为是必要的，芝加哥大学杰出的师资团队里有不少人都在其列。[2] 他们视科斯为其领袖，是因为相信科斯的理论框架为缩小管制涉及的范围提供了最令人信服的理由。在某种意义上，他们的看法没有错。但在另一种意义上，我认为他们彻底地误解了科斯。

科斯确实指出，在某些有特定条件限制的情况下，私人主体可以自行解决许多原本被人认为必须由管制者仔细干预的问题。[3] 然而，科斯虽然非常赞赏许多市场解决方案的精巧与优雅，但他并不是自由市场的狂热支持者。科斯的许多拥护者总是会忽视，科斯本人明确承认许多实际的阻碍时常让私人主体之间无法协商达成高效率的合同。他认可政府干预在这种情况下常常能取得良好效果。

科斯的核心观点最早见于 1959 年发表的一篇题为《联邦通信委员会》（The Federal Communications Commission）[4] 的论文中的一个简单例子。就和今天一样，价值数百万美元的广播权在当时也由联邦通信委员会的管制者免费授予私人企业家们。科斯认为，若能把广播权卖给出价最高者，由于出价最高者同时也是会将广播权用在最具价值之处的一方，这会使广播权的行使效率更高。

最初催生广播监管的一个原因就在于，行使广播权时常会损害他人的利益。在一个波频上的信号广播总是会干扰到相近波频上的广播。科斯认为，若广播者之间互相协商，他们自己便可以圆满解决这一问题。

科斯给出了一个与广播干扰问题类似的例子，这个例子如今已经广为人知：一位医生对相邻的工厂提起诉讼，因为工厂的噪声妨碍他医治病人。科斯将这一案例总结如下：

> 一个糖果生产厂已经在某个地方运作多年。有位医生搬到工厂附近，糖果生产厂的机器运转最初并未给医生造成任何困扰。近 8 年之后，这位医生在他院子尽头靠近工厂的地方建了一间问诊室，然后便发现工厂机器发出的噪声与震动会干扰自己工作。医生于是向法院成功申请到了一项不允许工厂使用机器的禁令。在这件事里，法院的工作实际上是要决定，究竟是医生有权强迫糖果生产厂安装新机器、搬去新厂址，从而给糖果生产厂增加额外的成本，还是糖果生产厂有权要求医生在他院子中的其他位置工作或者搬到别处去，从而使医生承担额外的成本。[5]

在科斯之前，人们对那些有害他人的活动进行政策讨论时，经常采用区分加害者与受害者的分析思路。制造噪声的工厂被视为加害者，邻近处的医生则是遭到噪声干扰的受害者。科斯则指出，噪声、排烟等外部性问题，是纯粹的相互作用现象。工厂的噪声对医生不利，这一点没错；但以医生受到损害为由禁止工厂发出噪声，同样妨害了工厂主的利益。

干扰医生显然并不是工厂主的本来意图，医生也并非存心要阻碍工厂运作。两者间距离较近，各自从事活动的性质又恰好彼此冲突，所以才会引发一个亟待解决的共同问题。科斯认为，若能找到成本最低的解决方法，工厂主与医生都会从中获益。因此，除非互相协商是不现实的，否则不论政府是不是要让工厂为噪声损害承担责任，两个当事人总是可以高效地解决问题。

例如，假设医生在不采取任何行动的情况下会因为噪声而蒙受 20 000 美元的损失，但他若花费 10 000 美元搬去别处就可以彻底免除噪声干扰。再假设工厂主花 5 000 美元给自己的机器安装隔音设备就可以消除噪声。由于隔音设备的成本更低，比起让医生搬离，消除噪声是个更好的选择。科斯指出，若医生和工厂主能以低至足以忽略不计的成本彼此协商，他们就应当能够达成安装隔音设备的协议，政府是否判定工厂主为噪声损害负责并不会影响这一结果。

在工厂主确实为噪声损害负责的情况下，我们不难理解为何政府的判定不影响结果。如果政府认定工厂主要为噪声损害负责，这就意味着再继续产生噪声的话，他就必须向医生支付 20 000 美元的损害赔偿金。对此，工厂主的最佳应对方法一定是安装仅需要 5 000 美元的隔音设备，以此避免 20 000 美元的赔偿金。

至于工厂主不需要为噪声损害负责的情况，科斯的结论让大多数读者出乎意料。他指出，如果政府认为工厂主不必为噪声损害负责，医生的最佳选择便是提议由自己出钱、让工厂主安装隔音设备。他的次佳选择才是花费 10 000 美元搬离噪声影响之处。

一方面，医生付给工厂主的钱不得小于安装隔音设备所需的 5 000 美元，否则工厂主一定会拒绝其提议，因为反正他并不需要为噪声损害提供赔偿。另一方面，工厂主要求的钱款金额也不能超过 10 000 美元，否则医生将会放弃这个提议直接选择花 10 000 美元搬走。

简而言之，科斯认为双方当事人都有充分的理由采取效率最高的方式解决问题，不论根据法律工厂是否要为噪声损害负责。科斯明确指出，这一结论必须建立在当事双方相互协商是现实可行的这一假设之上。因此，他这样写道："法律明确了当事人的权利之后，他们自己仍有可能通过协商来改变法律规定为他们设想的安排，只要这样做带来的收益值得他们花费彼此协商所需的成本。"[6]

《联邦通信委员会》这篇论文在 1959 年发表后，几乎没有引发什么议论。许多人读完之后都觉得科斯肯定弄错了，这其中就包括著名经济学家米尔顿·弗里德曼、乔治·施蒂格勒（George Stigler），以及芝加哥大学的其他知名的自由市场支持者。他们认为，即便在一个能以零成本协商达成协议的假想世界里，生产决策显然也会受到法律是否要求人们为自己给他人造成的损失承担赔偿责任这一因素影响。科斯承认医生与工厂主各自的财富水平确实会受到归责原则的影响，但他坚持认为，双方决定问题解决的方式并不会受其影响。

芝加哥大学的那群经济学家从来不会在学术争论中善罢甘休，他们邀请当时还在弗吉尼亚大学任教的科斯来芝加哥，一起讨论科斯的理论。20 名经济学家和科斯一齐聚在《法律与经济学期刊》（*Journal of Law and Economics*）编辑阿伦·迪雷克托（Aaron Director）家中共进晚餐，科斯的论文正是在这一期刊上发表的。多年以后，施蒂格勒这样回忆那晚的谈话：

> 同平常一样，大多数时候都是米尔顿·弗里德曼在发言，他也是进行了最多思考的人。经过两小时的争论，刚开始全部反对科斯观点的 20 个人，最后全都赞成他的意见。那是多么令人振奋的一次聚会啊！事后我十分后悔，我们没有先见之明，没将那晚的对话录下来。

他们说服科斯再写一篇更为详细的论文以阐明观点，这就是一年之后（即 1960 年）发表在《法律与经济学期刊》上的《社会成本问题》(The Problem of Social Cost)[7]。这篇论文很快就成了有史以来最广受引用的经济学论文，至今仍是如此。[8]然而，尽管这篇论文受到了极高的关注，学者们仍未彻底理解其重要意义。

这篇论文一经发表就很快引来了风暴般激烈的批评。左派学者感到不满，因为他们将科斯的观点理解为，除了产权能得到清晰界定与执行外，对污染或其他加害他人的活动进行政府管制并无必要。另一些人反对科斯的观点，因为他的理论似乎完全摒弃了之前区分加害者与受害者的道德框架。他们认为：医生并没有加害于任何人，为什么他必须为隔音设备付钱？但这两种批评都经不起仔细推敲。

协商路上的绊脚石

先来考虑关于科斯彻底排斥政府监管的指责。任何读过他更早的那篇论文的人都会知道，科斯其实深信“交易成本低至相互协商现实可行”的假设前提在实际生活中不可能得以满足，而他“不论污染者是否要承担法律赔偿责任，都不影响高效率的解决方案的执行”的结论明显是建立在这一假设前提之上的。发表于 1937 年的《企业的本质》(The Nature of the

Firm）是科斯的第一篇重要文章，而促使他写这篇文章的因素，正是他观察到，实际的困难时常使人们无法彼此沟通，达成高效率的协议。[9] 这篇论文的内容主要基于他 5 年前还是本科生时作为研究员前往美国参访大型企业期间进行的田野调查。这篇 1937 年发表的论文主要想解答的问题是：到底为什么会出现企业？他想知道，为何独立的承包商之间不直接进行商业交易，而要通过企业这种形式。就如同许多伟大的思想一样，他给出的答案在事后看来也显而易见得令人懊恼：若没有企业的存在，人们就需要进行一系列复杂而高成本的交易来替代企业的作用。

打比方说，你想买一辆汽车，就不得不先和许多矿工协商，签订合同，委托他们帮你挖掘铁矿；再和其他人签订别的合同，让他们把你的铁矿变成钢铁，然后继续签订更多合同将钢铁锻造成你想要的形状，以此类推。即使买家在每一个环节都与效率最高的供应商合作，所需合同的数量与复杂程度仍然会使这辆汽车的最终价格高得惊人。科斯认为，组建一个组织，雇员在其中只需要遵循上级命令，这样整个过程就能得到极大的简化。

自 1937 年《企业的本质》一文发表以来，经济学的一个新领域开始萌芽并蓬勃发展。这一领域被称作“交易成本经济学”，它将组织的形式与行为解释为人们为了降低交易成本而导致的直接或间接结果。[10]

从科斯以往的学术成果来看，他无疑非常清楚现实阻碍时常使私人主体之间的协商成本高得惊人。他想要表达的观点，并不是说政府对于管控加害他人的活动毫无用处。相反，他在 1960 年发表的《社会成本问题》一文的深层含义恰恰在于，在协商解决并不现实的情况下（实际情况基本一直如此），法律对责任分配做出不同的界定，解决问题的方式也会相应不同。因此，法律责任的界定在科斯的理论中其实至关重要。但其重要性的体现方式不受早先很多学者的待见。当时的主流意见认为，加害者一定要为自己造成的损失承担责任。科斯从根本上动摇了这种逻辑。他认为政府应该让能以最低成本应对外部性问题的一方来承担应对的责任。

回到之前举的医生和工厂的例子，如果医生和工厂主无法自主协商，政府就应当让工厂对噪声损害承担赔偿责任，因为根据这个例子中的假设条件，工厂减小噪声要比医生搬去不受干扰之地成本更为低廉。但如果反过来是医生搬走的成本更低，政府就不应该要求工厂对噪声损害负责。科斯认为，当政府不要求工厂承担损害赔偿责任时，医生便会选择自己搬迁，而这正是相应情况之下效率最高的解决方式。

成本 - 收益分析是不道德的吗

还有一种反对科斯的理由，是认为科斯的分析完全忽略了对加害他人的活动进行管控背后的道德框架。许多批评科斯的学者未能清楚认识到，科斯的分析恰恰揭示出传统道德框架有一个根本错误。如前文所述，这一框架将工厂主视为加害者，而医生则是受害者，没有给出任何原因便预先假设医生有权利在行医时不受任何噪声干扰，而且认为政府有义务以强制措施保护这一权利。

科斯在分析中质问，为何在这个情境下医生就一定要得到更多优待呢？比方说，如果把之前假定条件中设计的成本数额互换一下，医生花费 5 000 美元就可以搬迁到其他地方，解决噪声问题，而工厂主安装隔音设备需要 10 000 美元。在这种情况下，成本最低的解决途径便是让医生搬迁。根据科斯的分析，如果当事人彼此协商并不可行，政府就不应该让工厂主为噪声损害负责，这样一来，医生便会有动力通过自行搬走来解决噪声问题。

在上述情况下，让工厂主为噪声损害负责真的是更好的选择吗？如果确实这样做了，在协商解决可行的时候仍能有最佳解决方案，因为工厂主有理由向医生支付一笔钱，让医生自己搬迁，以此避免安装隔音设备的 10 000 美元开销。但这种协商在现实生活中基本是无法做到的。如果一定要让工厂主为噪声负责，他最好的选择便是花费 10 000 美元安装隔音设备，否则他就只能为噪声损害支付 20 000 美元的赔偿金给医生。没错，噪声问题仍然得到了解决，但花费的成本却是让医生自行搬迁的足足两倍。

人们可能会从直觉上认为工厂主是上述案例中的加害者，然而科斯的分析指明这种直觉并无逻辑基础。如果医生比工厂主更早来到此处，他或许能以“将来也可以一直不受噪声干扰地行医”为理由而行动。若能够证明，以这样的理由行动有利于进行高效率投资活动，这或许确实是一个好理由，让后搬来的噪声制造者为噪声损害负责。[11]然而，在科斯的例子中，工厂主才是先在此地营业的一方。

还有一些人则担心，解决这一问题的成本过高，医生无力负担。然而，总归有人要承担解决问题的成本。例子中并没有任何信息表明，工厂主就一定比医生更有钱，更有能力负担这种成本。或许这是位依靠轮椅才能出行的拉丁裔工厂主，勉强维持着工厂运营，他雇用了 50 名勤劳、有信仰、不酗酒的优秀公民，而这些雇员每个人都要以一己之力养活妻子、两个孩子再加上一只猫和一条狗。又或许这位医生是个单身的花花公子，他作为皮肤科医生凭为悠闲的阔太太们改善肤质就能赚取惊人的高额利润，每周有三个下午都在打高尔夫球。

既然不存在任何这类与我们的结论相抵触的因素，我们就不得不考虑传统的“加害者－受害者”道德框架是否可能是错误的，或者是建立在有瑕疵的假设之上的。也就是说，我们必须考虑到，在这类情况下界定权利的最合理方式，可能如科斯所说，正是尽可能模拟在协商解决可行的情况下，人们会自主做出的那种选择。这种选择一定是让适应外部性问题所需成本最低的一方负责解决外部性问题。有时这种选择确实会让被人们普遍认为是加害者的那一方来承担责任，但并非总是如此。

科斯迅速成了支持自由市场的保守派们在所有加害行为相关议题上的智识偶像，这一点实在有些讽刺。他们之所以如此推崇科斯，主要还是认为科斯的理论框架能使更多议题被纳入无须管制干预即可解决的范畴中。这种认识并不完全是错的。然而，我已经说过，科斯从来都不是一个自由市场的狂热支持者。他的理论框架完全植根于现实考虑。

自由主义者时常提到那些高于现实考虑的基本人权与自由，然而保护任何权利都势必会有成本与收益。[12] 科斯采用的分析思路归根结底就是在强调，“哪些特定权利应当受保护”仍然是典型的实际问题。

科斯可能会得出这样的结论：在特定情况下，医生应当有权利在行医时不受邻居的噪声干扰。但即便如此，他这样认为的理由也并不是在任何情况下人们都有享受零噪声环境的神圣权利，而是让制造噪声的人消除噪声比让受影响的人自行消除影响的成本更低。

由于大多数道德问题都涉及加害他人的行为，科斯的理论框架同这些问题也有一定联系。如果他被道德哲学学院聘请担任教职的话，他就会被归类为一个结果论者，结果论者认为一个行为正确与否的关键在于是否做出了能够产生最高总体效率的选择。[13] 与他们相对立的则是道义论者，道义论者虽然承认结果并非完全无关紧要，但坚信存在一些特定的基本道德原则，无论结果如何人们都必须遵守。

除了要遵守禁止盗窃、袭击和其他直接伤害他人的恶行的法律以外，人们有权免受任何政府管制的干扰，这在自由主义者眼中是完全不需要理由、不言自明的。基于这种观点，大部分自由主义者都无疑属于道义论者的阵营，而许多拥护科斯观点的人则是彻底的结果论者。如果真的仅凭一种如此宽泛的权利就一定能导致最好的整体效益，应该有一个合理解释才对。我们发现，要给出这样一个解释极其困难。

道义论者还面临其他问题，例如无法解释清楚他们援引的基本道德原则到底从何而来。但他们在与结果论者的辩论中时常占据上风，因为他们只需要设计一些具体情景，让其中能够带来最佳整体效益的选择对一般旁观者而言难以接受即可。

道义论者一直以来最喜欢的一个例子就是：有个植物学家来到一个丛林部落中，发现10个无辜的人即将被射杀。[14] 他被告知，如果他射杀其中一个人，另外9个人就可以被释放。这个植物学家该怎么做呢？结果论者似乎会认为射杀一个无辜的人是正确选择，因为这样就可以救活9条生命。然而大多数普通的、有感情的人都不愿意接受这一结论。道义论者坚称这类例子显示结果论者的道德逻辑无法成立。

结果论者与道义论者之间的争论已经持续了千年之久，我在这里所说的任何话都不可能解决两方之间的争议。由于我要支持的政策是由科斯的结果论式理论框架衍生而来的，所以在进一步阐述之前我首先想强调的是，结果论者与道义论者的理论框架其实并不像看起来那样完全不可调和。

跨种族婚姻中的夫妻是否应被禁止在公共场合牵手

下面就举一个具体例子，帮助大家更清楚地看到，一些因素使两种道德逻辑之间的不可调和性被人为夸大了。这个例子正是道义论者在证明结果论者的观点属于道德沦丧时经常使用的一种典型。20 世纪 60 年代中期，佐治亚州亚特兰大出现了一个问题：跨种族夫妻是否应当被禁止在公共场合牵手？如今，大多数美国年轻人一定很难相信，曾经还有许多州的法律都禁止不同种族间通婚。在 1967 年一个里程碑式的公民权利案件中，美国联邦最高法院的大法官们以 9 对 0 的完全一致的投票结果宣告这些法律全部违宪。[15] 但在 20 世纪 60 年代中期的亚特兰大，跨种族婚姻仍然是非常罕见的，白人构成了人口的主要部分，而这些白人中有很大一部分人看到跨种族夫妻在公共场合牵手就会感到十分不悦。在这样的环境里，若赋予跨种族夫妻在公共场合牵手的权利，真正因此获益的人非常少，却会有许多人为此受到冒犯。显然，按照最佳整体效果来选择的话，就应当禁止跨种族夫妻在公共场合牵手，然而大多数人都会认为这种禁令有违道德。道义论者因此得出结论，我们绝不能接受以结果论的逻辑来考虑道德问题。

上述问题很容易被改编为一个科斯式的数字计算例子。假设亚特兰大有 100 对跨种族夫妻，每对都愿意每周支付 100 美元以换取在公众场合牵手的权利，所以他们加起来一共能够每周支付 10 000 美元；而亚特兰大共有 100 万白人愿意每周支付 1 美元以避免看到任何跨种族夫妻牵手，那么赋予跨种族夫妻当众牵手权利的成本就是 100 万美元。如果两方能够协商解决问题，那么只需要每个白人一周贡献 0.1 美元，加起来就有 10 万美元之多，这笔钱可以用来每周支付给每一对跨种族夫妻 1 000 美元，让他们不在公共场合牵手。相比获得牵手权利，跨种族夫妻每周能够多赚 900 美元（1 000 美元的收入减去他们无法当众牵手而损失的 100 美元），而受到冒犯的白人每人每周多获利 0.9 美元（每人每周 1 美元用以阻止牵手的开销减去他们每人分摊到的 0.1 美元花费）。

科斯的理论似乎表明，若涉事双方能够协商解决，他们将会同意执行禁止跨种族夫妻牵手的法令，并如上所述由白人向这些跨种族夫妻付钱。然而在现实生活中，人们显然并不能进行这种协商。科斯认为，在无法由当事人自行协商解决的情况下，法律应当让那些能以更低成本适应外部性问题的人来承担适应外部性问题的责任。既然跨种族夫妻不能当众牵手的成本共计每周 10 000 美元，这个数字小于看到他们牵手就感到不悦的白人每周共计 100 万美元的损失，依据科斯的逻辑，似乎正确选择就是禁止跨种族婚姻者牵手。

这个例子确实能解释为何结果论的道德分析至今让许多人难以接受。但在因此而否定科斯的理论之前，同我一样不赞同禁止跨种族夫妻牵手的人们应当首先考虑一下，科斯的理论有没有可能在上述例子中被错误地运用。

根据前文的描述，这种分析思路完全忽视了一个事实：在一段时间里，不同的人会以完全不同的方式去适应各种实际存在的或想象出的损害。在 20 世纪 60 年代，亚特兰大的白人居民愿意为避免看到跨种族夫妻牵手而支付的总额，可能确实大于那一小部分跨种族夫妻愿意为获取牵手权利付出的成本。然而，在那几年里，跨种族亲密关系的发生越来越频繁，人们对跨种族婚姻的态度也在迅速转变，这些变化在当时也都是完全可以预测到的。

那个时候我正在亚特兰大读本科，我的许多同学都坚定地反对任何形式的跨种族关系。然而，我的孩子从未在美国南方生活过，他们就说自己对于两个不同种族的人牵手完全没有任何情绪反应，毕竟这在他们长大的环境中实在太常见了。任何一个在美国南方以外的地方生活过的人都可以预料到，南方白人那种看到不同种族的情侣牵手就仿佛受到精神伤害的感觉，一定会随着时间流逝，随着他们逐渐适应环境的变化而消减。

与此恰恰相反，也有其他一些类型的损害，不仅不能随着时代发展而逐渐消失，反而愈发严重了起来。背景噪声造成的损害就属于这一种。人们不仅无法慢慢适应喧嚣的环境，还会随着噪声的持续而产生愈发严重的生理负担。[16]那些被禁止和伴侣牵手的人，受到的相应伤害也会随着时间发展而愈发严重。一个人不仅不能习惯无法享有其他人总是可以享有的权利，他遭受的情感伤害还会日益加剧。

加害他人的行为天然就是一种相互作用。当跨种族夫妻牵手，有一些人会受到伤害。当跨种族夫妻不被允许牵手，也有一些人一定会受到伤害。科斯的理论表明，对于这种情况的最佳应对方式是尽可能减小总的伤害。要正确运用他的理论，不仅需要评估当事各方当下所受伤害或自称所受伤害的程度，还必须考虑到他们日后慢慢避免或适应这些伤害的能力。简而言之，正确运用科斯的理论，本来就绝不会得出需要禁止跨种族夫妻当众牵手的结论。

我们应该捍卫何种权利

做出特定行为的权利并不是凭空而来的。要捍卫任何权利都会使看重这些权利的人获利，同时也产生成本。不仅公权力机构保护和推行该权利需要成本，那些被这一权利限制了自身行为的人也要承担成本。

即便是道义论者也承认，成本与收益在道德决策中并非无关紧要。一个社会在决定哪些权利应当受到保护时当然要考虑道德问题。我并非宣称科斯理论就是进行这类社会决策的唯一正确途径。但既然人们能够同意，比较面前各个选项的成本与收益至少在一定程度上是必要的，那我希望大家也一样可以同意，科斯的理论总能帮助我们更清晰地进行这种比较。

许多自由主义者与保守派确实推崇科斯的理论已久。然而，稍加观察便会发现，这种推崇让他们很难拒绝应用穆勒的伤害原则。在他们反对某项自己不喜欢的管制时，若伤害原则能充当他们反对的依据，他们自然很乐意支持伤害原则。但若是依据伤害原则应当支持他们不喜欢的某项管制时，他们往往立刻就否定伤害原则，坚称这一原则阻碍他们以自己希望的方式行使某些他们生来就拥有的权利。既然提出了这种理由，他们就不得不面对以下质问：他们宣称自己本来就享有的权利，究竟从何而来呢？

自由主义者们所推崇的科斯理论表明，社会在界定并强制实行权利的时候，必须模拟在自行公开协商可行的情况下人们会达成的协议结果。根据这一思路，承受某一加害行为结果的人将会愿意牺牲实际财富以避免受到该行为的伤害。这样理解的话，伤害并不局限于肉体上的暴力或是盗窃财产等。所谓伤害，还要包括我在前几章里讨论过的各种形式的间接伤害，就比如一个短跑运动员在对手服用兴奋剂提高成绩时会受到的伤害。

若自由主义者坚持对伤害原则保持墙头草一样的态度，他们势必会遇到难题。为了在穆勒的伤害原则应当适用时拒绝适用它，自由主义者就必须宣称自己有权利给他人施加实质性的、可测量的伤害，哪怕这样做对他们自己并无任何好处。然而这种权利在科斯的理论框架里完全站不住脚，他们因此不得不同时否认了科斯的正确性。想一想，一个诚实的自由主义者怎么可能坚持这样的立场呢？如果你们当真非常重视自由，又怎么会否定一个意在尽可能模拟完全自由意志者自主协商结果的理论框架呢？

为了进一步讨论，我将采用一个不肯放弃科斯理论的自由主义者的视角，试着继续阐释科斯的理论将会如何引导我们看待权利。到目前为止，我们原则上可以同意的一点是，在决定哪些权利应该得到保护时，需要考虑成本与收益的问题。然而，如何计算相关的成本与收益又是另一个话题了。如何比较利益相冲突的各方之间孰轻孰重，基本是各个社会理论家之间争议最大的问题。在下一章，我将阐明科斯的理论框架对回答这一问题也提供了非常有益的指导。

THE DARWIN ECONOMY

THE DARWIN ECONOMY

07

效率至上：金钱在调节利益冲突者之间关系中的作用

货币的发展是导致劳动分工细化的重要一步，而劳动分工细化的过程在过去的几个世纪里使人均收入增长了数千倍。在决定两种相互冲突的利益之间孰重孰轻时，货币作为一种衡量单位是不可或缺的。

因此，在科斯举的那个工厂机器噪声干扰邻近医生行医的例子中，要确定解决问题的最佳方案，只需要简单地比较一下工厂主为自己的机器安装隔音设备所需的开销与医生搬去安静地方的开销即可。进行这一比较与两人本身的收入高低完全无关，虽然他们各自的收入高低确实会因法律判定哪一方对噪声损害负责而受到影响。

收入差异对成本 - 收益分析的影响

有的时候，受到有害行为影响者的收入高低，直接决定了成本最低的问题解决方式是什么。例如，假设萨拉喜欢在晚上拉小提琴，而她的邻居萨姆会被琴声打扰。法律应当限制萨拉拉小提琴吗？为了使讨论简短一些，假设立法者只考虑以下两个选项：要么禁止在工作日晚上 10 点以后演奏小提琴，要么禁止在工作日晚上 11 点以后演奏。为了确定哪个选项能以更低的成本解决问题，立法者们需要知道两方面的信息：其一，萨拉能够一直演奏到晚上 11 点而不是提前一小时结束，对她而言具有多少价值；其二，让萨拉在晚上 10 点就停止演奏而不是一小时后再停止，对于萨姆而言具有多少价值。

萨拉显然更希望能够一直演奏到 11 点为止，然而她的愿望到底有多强烈呢？对大多数经济学家而言，要回答这个问题至少在理论上是十分简单的，就算实际生活中可能并非一直如此。在经济学家心中，她的愿望强烈程度就由她愿意支付多少钱以换取一直演奏到晚上 11 点的权利来衡量。对于萨姆有多需要晚上 10 点就开始享受安静的权利，经济学家也会用类似方法计算，也就是看他最多愿意支付多少钱以获取这项权利。当然，经济学家心里明白，若是简单询问当事双方他们愿意付多少钱的话，他们一旦知道自己说出的金额会决定“琴声禁令”的每日起始时间，就一定都会夸大自己的答案。所以在进行实际操作时，经济学家并不会直接问他们，而是从间接行为证据中推断出他们各自愿意支付的数额。例如，可以参考其他条件都相同而噪声禁止时间不同的街区之间房价的差异。

对于通过比较涉事各方愿意为实现心愿支付的金额来解决噪声问题的提案，实际计算是其中最不具争议的部分。当事人自身的消费能力会严重影响他们愿意为获取权利而支付的数额，这才是一个麻烦得多的问题。人们愿意为多出一小时安静时间或是多出一小时演奏乐器时间支付的数额，当然取决于许多因素，包括他们对音乐的态度如何、公寓的墙厚不厚，以及工作时间安排。然而与此同时，支付意愿很大程度上也取决于收入水平。其他因素相同的情况下，一个人的收入越高，自然就越乐意付更多钱来换一个得偿所愿。

于是，依照科斯的理论解决噪声问题，结果便会倾向于选择更符合富人意愿的解决方式。例如，假设萨拉非常希望能够练习小提琴到晚上 11 点，然而她贫乏的收入水平最多允许她每天支付 8 美元来换取这一权利。另一方面，萨姆其实并不会被萨拉晚间的小提琴声打扰得多么严重，但他极其富有，愿意每天付 15 美元换取晚上 10 点后的安静。在科斯的理论框架下，解决问题的高效率方案便是发布禁令，禁止萨拉晚上 10 点以后演奏小提琴。然而，我曾在一堂课上对 90 名研究生进行过调查，问他们认为在这个案例中应该如何处理问题，80 多名学生都认为噪声宵禁应该设置在晚上 11 点，而不是晚上 10 点。

科斯的《社会成本问题》最初在 1960 年发表时，许多左派评论家给出负面评价的理由都在于，他们认为以支付意愿为基准进行成本和收益的计算是有悖道德的，这对于公民不论收入高低人人平等的原则是一种令人不齿的背叛。这一观点乍看很有说服力，其认识却是错误的。其实，正是这种观点导致我们总是无法成功推行那些能够使全体公民不论贫富都受益的政策。

大多数人其实基本都能接受，支付意愿决定了一个人能在私人市场中获得什么。打比方说，如果许多人正参与竞拍一幅画，愿意付最多钱的人就是画的得主。利用成本 - 收益分析来指导公共决策时，支付意愿同样是一个决定性因素。然而，尽管大多数人都能接受以支付意愿作为私人领域的资源分配基准，要在公共领域做同样的事却争议重重，人们经常否决那些在决定主要公共政策时采用传统成本 - 收益分析的提议。

电台节目应该是纯谈话还是纯音乐

一个简单的例子就可以让我们大致了解一下相关问题。假设有一个社区必须决定是否要将其公共广播的形式从全部由音乐节目组成改为全部由谈话节目组成。为了便于讨论，我们假设制作这两种形式的广播成本相同，除了以下三位之外其他投票者都对这件事无所谓：一位富人希望广播变为谈话节目，另外两位穷人分别同等程度地倾向于反对这一改变。由于他们之间的收入差异，富人愿意付 1 000 美元促成改变，两个穷人分别只愿意付 100 美元来阻止改变发生。那么是否应该改变广播节目的形式呢?

根据标准的成本 – 收益分析，改变节目形式的收益将是富人乐意为此支付的 1 000 美元，而成本则是两名穷人为了阻止改变发生愿意付出的金额之和，也就是 200 美元。因此，改变节目形式的净收益是 800 美元。成本 – 收益分析的规则就是支持一切收益大于成本的选择，据此，毫无疑问应当改变广播节目形式。

然而，评论家们反对称，以成本 – 收益分析的方式解决这类问题违反了之前提到的重要民主原则：法律应对每个公民的利益一视同仁。在刚才讨论的案例中，三名当事人每人对各自支持的节目形式都有同等程度的倾向。所以评论家们质问道，为什么那一个富有者的喜好就要胜过两个穷人的意愿呢?

这个问题明显在措辞上很有力量。在这类问题中，使用成本 – 收益分析来进行决策确实存在一些问题。出于这些担忧，许多政府都不愿意使用成本 – 收益分析。例如，克林顿执政期间发布的行政命令要求各联邦机构首脑根据财富分配的情况来修正通过成本 – 收益分析得出的结论。[1] 如果我们用支付能力来修正通过支付意愿得出的结果，在广播的例子中进行成本 – 收益分析也就只是简单的人数统计罢了，将广播由音乐形式转变为谈话形式的提议会因为 2 对 1 的局面被否定。

这就是正确的结果吗？问题不在于实施成本 – 收益分析是否在某些方面存在缺陷，而在于可以替代成本 – 收益分析的决策方式是否能得出更好的结果。

在这个例子中，舍弃成本 – 收益分析的一个显著结果就是，拒绝改变节目形式会导致 800 美元的净损失，这是由富人的 1 000 美元减去两个穷人共愿意支付的 200 美元所得。这一损失完全可以轻松避免。比方说，我们可以为改变节目形式附加一个条件，要求富人多支付 500 美元税金并为两个穷人各减税 250 美元。这样，相比前一种情况，三个人都能获得更多利益。

此时，富人或许会抱怨自己多交了税。然而从他的角度来看，原本的结局分明就更糟。从改变广播节目中获得的 1 000 美元价值足够补偿他多支付的税金。同样，尽管两个穷人失去他们喜欢的音乐广播节目后会感到不满，但真要按原本的情况来安排，他们得到的只会更少。根据他们自己的说法，250 美元的减税额足以补偿他们从节目改变中损失的价值了。若没有进行这次收入转移，所有人都是输家。

自由主义者及许多其他群体反对称，政府没有权力强制执行这种收入转移。他们说："这本就是你们的钱，政府没有权力抢走你的钱拿去送给穷人！"虽然他们的这种主张经常被人从公平的角度来反驳，但是，这种主张从效率的角度来看明显更站不住脚。

在民主社会中，贫穷选民的利益总会以各种方式得到关注。正如在前面的例子中，如果排除收入转移的方式的话，就需要以其他成本更高的方式来照顾低收入选民的利益。相反，若是允许进行收入转移，就有可能制定出使贫富双方都能获得更多经济利益的政策。然而，除非政府能有比现在更多的以支付意愿为基准的自由，否则就不可能知道该制定什么政策并加以实施。要获得这种自由，人们就必须要更大程度地接受收入转移。

我们已经知道，以支付意愿为基准来决定由谁获得什么东西，在私人领域远比在公共领域受人认可。然而，即便是在私人领域里，参照支付意愿做决定有时也会使一些重要的价值受损。在这里，最核心的问题同样不在于支付意愿是不是能够产生最佳结果的分配基准，而在于其他可行方案能否产生比参照支付意愿进行决策时更好的结果。接下来的这个例子能够让我们清楚地认识到，支付意愿虽然有时会在某些方面导致令人不悦的结果，但它确实是一种非常值得推荐的分配基准。

稀有的钟应当归谁所有

假设有一家古董店将一座 1905 年的斯蒂克利落地大摆钟展示在店门口的橱窗里。有两位潜在的购买者想要买下这座钟：一位是苏珊，她是教小学四年级学生的教师，她酷爱 20 世纪早期的落地大摆钟；另一位是马尔科姆，他是个富有的人身伤害案件律师，对 20 世纪早期或其他时期的钟并没有特别大的兴趣。苏珊经常参加古董研讨会，也一直梦想着拥有一座价格在她财力范围内的斯蒂克利钟。马尔科姆只是恰好路过了这家古董店，他看到橱窗中的钟后觉得放在办公室中供访客等待的房间里应该看起来还不错。苏珊是一个年收入 2.8 万美元的单身母亲，她愿意出 5 000 美元买下这座钟。对她来说这确实是一大笔钱了，这个出价足以显示出她有多么渴望获得这座钟。而马尔科姆每年能赚95万美元，他不怎么特别在意这座钟，却依然愿意出1万美元买下它。在市场体系中，马尔科姆更高的支付意愿无疑会让他获得这座钟。

许多人情感上都会难以接受让马尔科姆买下钟是最佳结果，甚至不少自由企业制度的拥护者也是如此。毕竟，这座钟一定会给苏珊带来长久的、深刻的满足感，但它对于马尔科姆而言就没太大意义。面对这些疑虑，很多人或许还是会接受市场机制运行的结果，因为他们认为不存在一种实际可行的方法，能让我们利用该例子里那些反映购买愿望强烈程度的非正式信息。比如说，实际操作中很难依据人们宣称的购买愿望的强烈程度来分配商品与服务。

然而，即便在这个例子中，其实也存在着一种不那么模棱两可的理由，可以支持我们将支付意愿当作分配基准。我们看到，苏珊比马尔科姆更在乎这座钟，但是，如果我们相信两个买家提出的报价是真心的话，让苏珊得到这座钟对她来说不是好事。原因就在于，马尔科姆挪出1万美元来买钟也无所谓，但苏珊与马尔科姆不同，在几乎所有方面她都更迫切需要手里这笔用来买钟的钱。马尔科姆比她富有太多，他在任何地方花的每一笔钱都不如同样一笔钱对苏珊而言来得举足轻重。例如，苏珊用这笔钱或许可以搬去一个更加安全的街区，或是更好的学区，这对苏珊的影响比对马尔科姆的影响大多了。并不是说马尔科姆不在乎住处的安全性或孩子的学校，而是因为他已经居住在有好学校的安全街区里了。如果让苏珊得到这座钟，根据她心中这座钟的价值数额，她最佳的选择应当是将钟卖给马尔科姆。[2] 毕竟，他付给苏珊的数额会比钟本身的价值还要多出5 000美元。苏珊说她愿意出5 000美元买钟，确实表明这座钟对她来说十分重要，但这并不意味着这座钟就比她能同样用 5 000 美元买到的其他东西对她来说更加重要。

假如马尔科姆最终以 8 000 美元的价格买下了钟，苏珊也许会因为自己并没有足够的财力买钟而感到极其失望。但根据她自己对钟的估价，花 8 000 美元买钟却无法拥有那些能用 8 000 美元换取的其他东西，只会让她更加失望。如果我们相信苏珊和马尔科姆各自陈述的价格属实，那么让马尔科姆买下钟对他们两方来说一定都是更好的结果。

并不是说，这就是人们能想象到的最好情况。比如，人们若觉得购买力的分布能更均衡一些的话世界会更美好，也并不是什么离谱的想法。如果能让教师一年挣 7.5 万美元而人身伤害案件的律师挣 20 万美元，苏珊可能就会比马尔科姆出价更高，毕竟马尔科姆完全不如她那么重视这座钟。但在现有的收入分布情况之下，能够产生的最好结果就是让马尔科姆买下这座钟。

上述例子表明，依照支付意愿来分配稀有产品时，“经济蛋糕”是最大的，尽管这一分配基准在某些方面不尽如人意。如果我们以其他基准来分配，一定总还能够找出一个再分配的方案，使各方都获得更多利益，就像在钟和广播的例子中那样。这背后的原理就是，当“经济蛋糕”变大以后，每个人都会分到更大一块。因此，穷人和富人都有理由让“经济蛋糕”尽可能大，而做到这一点就需要以支付意愿为基准进行分配决策。

航班超额售票时谁该多等一会儿

考虑一下超额订座的商业航班该如何分配座位的问题，就能更清楚地理解上述简单结论背后的逻辑。对商业航空公司来说，以超出某一航班载客容量的数量发售机票是惯例操作，这种操作可以减少因为旅客取消行程而导致的空座现象。虽然超额售票确实降低了成本，但随之而来的问题也十分明显：在一小部分航班上，实际前来乘坐的旅客数会比座位数量更多。

例如，假设有 260 个人来搭乘一架从纽约飞往洛杉矶的航班，然而飞机上只有 250 个座位。这 260 人中就包括约翰和埃里克，约翰是第二个抵达登机口的乘客，而埃里克是倒数第二个。约翰是一名办公室保安，他急着赶去洛杉矶看望他病重的母亲。如果错过了这趟航班，他必须再等 10 小时才有下一趟航班可以乘坐，他愿意花 350 美元来避免错过这趟航班。埃里克是最晚到达的乘客之一，这并非因为他疏忽大意，而是因为他前来纽约时搭乘的那趟航班晚点了。他是微软的副总裁，正准备去夏威夷度假。虽然他可以乘坐 1 小时后在西雅图转机的一趟航班去夏威夷，但他愿意付 1 000 美元以避免等待。这两个人之中，谁应该获得本次航班的座位呢？

在 1979 年以前，这个问题的解决方式就是依据先来后到。约翰可以乘上飞机，而埃里克只能继续等待。不同于前面那个落地钟的例子，大多数旁观者似乎都认为这是个好结果，至少约翰希望准点到达洛杉矶的理由看起来比埃里克要紧急多了。

问题就在于，先来后到的标准并不是每次都会产生让人从直觉上感到满意的结果，而且即便在眼前的例子中也未必就产生了最好结果。也有可能埃里克是第 2 个到达的旅客，约翰才是第 255 个。考虑到许多随机因素会影响转机者的前一趟航班是否准点，我们没有理由假定先到达登机口的旅客就比后到的旅客有更重要的理由获得座位。

先来后到的标准并不是根据支付意愿来分配座位的，因此并不能使"经济蛋糕"最大化。这种分配方式使一些愿意为准时抵达目的地支付一大笔钱的人被迫等待，而另一些并不乐意花多少钱来避免等待的人却乘上了飞机。出于这一理由，美国民用航空委员会（在 1984 年之前负责管理商业航空公司的联邦机构）提出以支付意愿替代先来后到作为分配座位的基准。

美国民用航空委员会具体的提案是，让航空公司为超额售卖的航班的旅客提供现金赔偿、免费机票或其他补偿，吸引一些主动放弃本次航班座位的志愿者。所有预订了机票的旅客都有权利继续留在航班上，航班公司因此必须不断提高补偿数额，直到有足够的志愿者站出来放弃座位。

联邦机构提出这类规定之后，社会公众与其他当事主体有 60 天时间可以发表意见。美国民用航空委员会刚公布议案不久，由拉尔夫·纳德（Ralph Nader）在华盛顿特区建立的组织航空消费者行动计划（Aviation Consumer Action Project，以下简称 ACAP）就提交了一份措辞激昂的文件。ACAP 似乎意在保护航班乘客不受航空公司压榨。在他们提交的文件中，ACAP 反对称，若民用航空委员会采纳该项议案，等待下一班可乘坐航班的负担就会过多地压在穷人身上。ACAP 担忧，就如其他领域中的情况一样，富人将会有权花钱避免生活中的各种麻烦，穷人却被迫承受它们。

ACAP 的反对意见最开始在许多人心中引起了强烈共鸣。然而，若仔细地思考，大多数人都会感到他们的说法十分愚蠢。如果不接受这种拍卖式的程序，就只能维持现状，而先来后到的模式会给穷人带来更不利的结果。例如，想要回家探望病母的保安员约翰若是第 255 个到达登机口的乘客而非第 2 个，依照民用航空委员会的拍卖式程序，只要他想，就有权一直待在飞机上不走；或者他也可以接受航空公司提供的补偿，放弃自己在这班飞机上的座位。然而在先来后到的规则下，他就一定会被迫错过这班飞机，继续等待。

在拍卖式的规则下，航空公司需要 10 位自愿放弃座位的乘客。假设约翰拒绝了他们 200 美元的最初开价，而有其他 3 个人接受了；航空公司接着将价格升到 300 美元，又有一名志愿者站了出来，但约翰还是留在原地；当价格到 400 美元时，约翰和另外 5 位乘客（微软副总埃里克并不在其中）都同意放弃座位，这架航班就可以起飞了。想象一下，当约翰就要接受 400 美元的赔偿时，ACAP 的官员突然赶到，拿着一纸禁止航空公司举行这种拍卖活动的法庭禁令，叫停了拍卖。约翰很有理由会认为：为什么 ACAP 要通过剥夺他主动放弃座位的权利来“保护他的利益”呢？他不是一定要接受赔偿放弃座位，这只是一个选项而已。他决定接受是因为在他的心里 400 美元的报价超过了保留原有座位的价值。若非如此，他就会继续拒绝航空公司的开价，留在飞机上。

在很多年里，我先后同几百个人讨论过上述例子，至今没有任何一个人觉得美国民用航空委员会应当接受 ACAP 的反对意见，并撤销其改革议案。拍卖之所以效率高，是因为它的机制就是以支付意愿为基准进行分配。以支付意愿为基准，确实意味着有时那些有要务在身的穷人不得不等待下一班飞机，而无所事事的富人却得以顺利地继续旅程。但那些主动放弃座位的穷人会得到一笔赔偿，这笔钱可以用来满足他们认为更加要紧的其他需求。约翰可能会晚一些见到母亲，但他多获得了 400 美元，可以把钱花在其他有价值的用途上。

对有些人来说，决定是否要主动放弃座位是一个艰难的选择。但美国民用航空委员会认为，让人们自行做出选择，总比遵循 ACAP 的建议、根本不给他们选择的机会要好。如前文所述，最重要的不是支付意愿能否产生完美结果，而在于是否存在一个替代方案能产生较之更佳的结果。

否定 ACAP 的反对意见并不意味着否定贫穷者面临的困境。前面这个例子也并不表明在任何分配问题中支付意愿都必须充当终极的判断标准。这里，我主要关注的是普通产品与服务的分配问题。谁该获得那只古董钟？谁应该等下一班飞机？诸如此类。

自愿的拍卖只是美国民用航空委员会可能提出的多种依照支付意愿分配座位的方式之一。例如，可以不由航空公司开价提供赔偿来吸引人自愿放弃座位，而是由航空公司把座位分给那些为了保留座位出价最高的乘客。与原来的提案无异，这种方法同样是依据支付意愿来分配座位的。然而，若民用航空委员会要求乘客为留在机上的权利竞价，这项提案肯定永远都不会获得人们的同意。

联邦机构中绝不只有民用航空委员会对这类分配问题十分敏感。就算美国对于竞选的规定较为宽松，低收入选民在政治进程中仍然相当有发言权。这些人和为其发声的人会反对任何无视他们利益的政策。至于他们是否真的具有阻挠特定政策实施的政治力量，当然就要看具体情况了。

除了 ACAP，民用航空委员会的自愿拍卖提案几乎没有遭到穷人或是其代言人的明显反对。一个重要原因是，这一提案赋予低收入乘客一项获得实际经济价值的权利，也就是让他们有权继续保有自己的座位，除非自愿为了获得赔偿而放弃座位。若这一提案没有预设乘客有权继续保有座位，它绝对会被人否决。如果仍然遵循先来后到的老路子，比起目前的自愿拍卖体系，只会对所有乘客都更为不利，不论贫富。

ACAP 错误地认为若采用拍卖方式的话，被留下来等待之后的航班的一定是穷人。贫穷但需要准点到达的乘客，往往并不会放弃座位以换取赔偿，而更富有却并不赶时间的乘客往往会站出来接受赔偿。当然，低收入乘客确实比高收入乘客更可能选择放弃座位。但是，若他们这样做了，理由一定是他们能够获得的现金赔偿或免费机票的价值比起不让出座位能节约的时间的价值更高。

自由主义者对成本 - 收益分析的敌视

正如上述例子里清晰阐释的那样，对于有限的资源应该如何分配的问题，了解人们心中认为自己面对的选项具有多少金钱价值是极其有帮助的。不论在某一时刻人们的收入分布存在多么大的不均衡性，一项公共政策若是依照某种与支付意愿无关的标准来进行资源分配，总还能找到一个替代方案，使结果对所有人来说都变得更好。

由于对整个市场机制怀有不信任感，以及市场机制导致不公平现象十分严重且不断加剧，人们产生了担忧，许多自由主义评论家十分抗拒在公共决策中以支付意愿作为衡量标准。在美国民用航空委员会这个例子中，依据先来后到本身是一种十分粗糙的分配机制，所以反对依照支付意愿分配会对低收入人士产生极大的不利影响，虽然那些反对人士声称自己是在为低收入者发声。若能精细地设计细节，任何一种无法反映人们愿意为眼前选项支付多少钱的公共决策，基本都能通过改造而变得对所有当事人都更有利。那些不愿意接受这种改造的人不妨想象一下，他们自己就像拉尔夫·内德，在那个希望能接受赔偿、改乘下一班飞机的低收入旅客面前，挥舞着一纸法院禁令加以阻拦。

为何收入转移往往是实行高效率政策所必需的

由于保守派们坚决反对收入转移，他们一直是高效率公共政策得以采纳的更大障碍。这是因为，任何一个民主国家若不进行收入转移，都势必要以成本更高昂的方式来满足低收入群体的利益。

早先那个选择公共广播节目形式的例子就为我们阐释了基本原理。回想一下例子的假设条件，从纯音乐节目转变为纯谈话节目可以为那位富人带来 1 000 美元的收益，但会给两位穷人分别造成 100 美元的损失。两位贫穷选民在人数上占优，他们能够通过投票阻止节目形式的改变。然而，改变节目形式能产生大于成本的收益，所以阻止改变对他们而言是不利的。若两位穷人能够允许节目改变形式，并因此为自己换取一份收入转移的话，所有人都会得益。如果这种收入转移不被允许发生，那么改变节目形式的提议就会被他们投票否决，相比能够实现节目改变的情况，穷人与富人得到的好处都变少了。

这样的例子还有很多。比如说，1979 年的能源危机促使美国总统吉米・卡特提出要对每加仑（约 3.79 升）汽油征收 0.5 美元的税。这一提案意在通过价格机制减少人们的汽油消费，从而减小美国对进口石油的依赖性。提案刚公布，立刻就有反对的声音提出这会给贫穷家庭增加无法承受的负担。不过卡特本就预见到会有这样的反对意见，所以他同时还提出要减少工资税，由此造成的财政收入减少，就用汽油税收入来填补差额。由于工资税是一种累退税，对这一税种实施减免可以缓解贫穷家庭因汽油税而面临的财务困难。

最终卡特的提案还是被否决了，一部分原因在于批评者错误地认为减少工资税会使人们失去节俭的动力。（这些评论家们没有认识到的是，即便工资税或许会让人们能够比以前购买更多汽油，升高了的税后价格仍会让他们很有理由不去这样做。）但卡特法案未获通过的另一个重要原因在于，它涉及收入转移。那时距离罗纳德·里根当选总统还有一年多，但国会对于收入再分配的反对声音已经在不断增多。

未能通过卡特提案的最终结果就是，不论穷富，所有人的经济利益都受到了损害。舍弃了卡特通过价格机制减少汽油消费的提案，政府便采用价格管制的方式来保护穷人免受高价之苦。结果所有人都因此负担了高昂成本：加油站前大排长龙，宝贵的旅行计划被迫延后，等等。若当初政府采用了卡特的提案，对富裕的公民来说，支付更高的汽油费用以减少排队等候时间并不是多大的负担。贫穷的公民也不必长时间排队，工资税的减少缓解了汽油价格提升带给他们的压力。

不论举多少个例子，背后的规律都是相同的。由于不能或者不愿通过税收制度来实行再分配，我们就只能用其他成本更高的方式来照顾穷人的利益。穷人住不起好房子怎么办？最有效率的解决方式应该是进一步提高所得税抵免额。所谓所得税抵免是罗纳德·里根推行的几个收入转移制度之一，然而近年来美国国会中的保守派们对所得税抵免的反对越来越强烈了。如果无法直接进行收入转移，替代方案便往往是一些会付出更高成本的方式，例如实行租金管制。

勤劳的农民们入不敷出怎么办？最高效率的解决方式是直接对他们进行收入转移。然而，若收入转移不被允许，政府就只能采用一种成本高昂得多的替代方法，比如对农产品进行价格支持。穷人付不起电话费、燃气费和电费怎么办？一样，最高效率的解决方法还是收入转移，但政府采取的方法是设置一个“生存必需”用度内的低费率，这不仅导致人们使用这些资源或服务时不够节约，还让其他消费者支付了更高的价格。

不愿进行收入转移还导致了一个后果，就是污染条例豁免了老旧汽车。虽然洛杉矶市内已经使用 15 年或以上的汽车只占车辆总数的一小部分，但洛杉矶盆地的空气污染中超过一半都要归因于这些老旧汽车。驾驶这些车辆的大多数都是穷人，立法者担忧若不豁免这些车辆，会给他们造成无法承受的额外开销，因此污染条例就未将老旧车辆纳入管制范围。

老旧车辆排放污染的问题，可以通过向穷人转移足够的收入和帮助他们购买新一些的二手车来解决。这一策略能够以大约每千克 33 美元的成本减少碳氢化合物和一氧化二氮的排放。[3] 然而，由于污染法案豁免了这些最老旧的车辆，加利福尼亚州立法机关只好转而推进电动车辆的发展，这一方案每减少 1 千克污染气体排放就需要大约 2 000 美元的成本。在这个例子中，政府不愿进行收入转移，这使不论穷富的所有人都承受了更高的代价。

经济学家们估计，如果能施行一种简单的拥堵费制度，就可以节约几十亿的高速公路建设费用，并且帮助避免交通拥堵。[4] 只需对现有科技（如美国东北部目前许多公路与桥梁都在使用的一卡通系统）稍加改造并加以利用，就可以让每部车辆安装一个小型电子收款器，从而根据道路拥堵程度收取道路使用费。因此一个驾驶员若在中午高峰时间开过曼哈顿，10 美元的额外通行费就会自动通过他车上的收款器来收取。

这一制度面对着一种显而易见的反对理由，那就是人们担心那些不得不在交通高峰期出门的贫穷机动车驾驶者会承受过重的负担。但是没关系，通过拥堵费制度获取的财政收入以及因为这一制度而节约的其他成本，完全允许政府进行足够的收入转移来帮助穷人承受拥堵费的负担。如果政府不允许进行这种必要的收入转移，那么拥堵费制度就永远都不可能被接纳。政府本可以省下很多高速公路建设费用和交通拥堵的成本，但还是继续负担着这些成本。

这些绝对不是什么罕见的个例。相反，这是一种普遍模式：政府不愿为穷人进行收入转移，于是只能用其他方式解决他们的问题。即便拒绝通过税收系统进行收入再分配，穷人的利益在民主社会必须得到注意这一点还是不会改变。拒绝收入转移只不过迫使政府以成本更高的方式顾及他们的利益罢了。

通过政策进行收入转移有助于推行高效率的政策

虽然未能处理好分配问题时常让政府无法施行高效率的政策，但至少在有些时候，政策制定者直接进行收入转移，为高效率政策的推行奠定了基础。有启发性的一例是，纽约州公共服务委员会提出对每一通来自私人电话的查号服务通话都收费 0.1 美元（在那时，电话用户进行此类通话无须缴费）。促使委员会提出这一方案的原因是，赋予人们免费查号的权利让电话公司不得不聘用数百名接线员帮助人们查号，然而打来电话查号的用户大多数其实都能很方便地自行查到电话号码。

这一提案无可避免地遭到了猛烈抗议。社会学教授以及其他在听证会上做证的人表示，必要的社区通信模式会因为拨号者无法免费获得查号服务而备受影响。眼看议案无法被通过的形势越发明显，委员会主席阿尔弗雷德·卡恩（Alfred Kahn）提出进行如下简单修改：每次查号服务 0.1 美元的收费仍然不变，但将原先的查号接线员调去其他更有用的岗位工作，由此能够节约一些钱，利用这笔钱可以为每个使用查号服务的用户减去其月账单中的 0.3 美元。因此，每个月使用查号服务不足 3 次的用户，电话费将会比原先更低。做出这一修改后，委员会的提案基本上没有遭到任何反对便获得通过了。

这个例子中涉及的数额如此微小，却显示出再分配问题在公共政策领域的影响之大。即便查号服务仍然免费，几乎也没有哪个家庭一个月能够拨打超过 10 通查号电话。不足 1 美元一个月的额外开销对于最贫穷的家庭也实在称不上会对生活水平造成什么严重威胁。这一例子还表明，若能够将现金转移或其他功能相同的手段作为政策工具加以利用，政府就可以成功说服那些本来反对某些高效率政策的人。

农业领域为我们提供了另一个通过直接的收入转移实现高效率政策的实例。背景问题是，由于无法跟上企业化农业带来的迅猛的生产率增长，美国的家庭农场主们长期承受着经济压力。由于大规模扩大农业生产，现代农业已经使粮食价格降到很低，家庭农场主因此入不敷出。由于担忧这些农场主面临的困境，美国国会反复加大对农产品的价格支持的力度。农作物的价格支持政策诱导农民们花费了数十亿美元雇佣劳动力，购买机械、种子、肥料与杀虫剂，并为种植农作物进行其他投入，然而消费者并不愿意以高昂的保护价格购买这些农产品。政府只好收购剩余农作物，然后眼睁睁看着它们在经过长时间、高成本的仓储之后白白腐坏浪费。美国国会简直是以最为效率低下的途径来帮助家庭农场主。

然而，美国农业部至少还开展了另一项工作，以高效得多的方式来解决农民贫困问题。那就是农业部的土地休耕计划，根据这一计划，农民们若空出一些现有土地不进行耕种的话，就可以从政府处获得现金奖励。该计划为挣扎在贫困中的家庭农场主们提供了额外收入，却没有让他们生产任何无人购买的多余农作物。

土地休耕计划比价格支持的效率要高得多，却仍然引来了争议。我们确实很容易明白为何批评者会反对该计划，毕竟农民会因为什么都不种植而得到钱。然而，如果另一个选择是付给他们大笔钱款、让他们种植注定卖不出去而只能浪费的农作物，这一计划的优越性也就不言自明。无论如何，这个例子说明，就算政府无法进行收入转移，并不一定无法将一个效率低下的政策转变为不那么浪费的新政策。然而，随之产生的问题是，政府为何无法更多地进行这种转变呢？

采用高效率政策面临的阻碍

既然政府有时可以协商出高效率的解决方式，为何其他时候就要拒绝成本 - 收益分析的逻辑呢？一个困难之处在于，由于几乎任何需要公共决策的问题都至少要涉及一些分配问题，对每一个问题逐一实行补偿安排或许是不现实的。也许只有在那些能够很简单地完成补偿安排的情况下，高效率的解决方式才有可能得以实行，例如超额售卖的航班采用自愿拍卖模式，或者为使用查号服务的用户每月抵扣电话费。然而在许多问题中，显然并没有这类可以简单实现的补偿安排。

而且，即便在补偿安排可以轻松实现的时候，或许仍然会难以找到高效率的解决方式。比如说，租金管制效益很低，那为什么大城市的政府不给人们发放代金券，促使他们放弃自己那受到租金管制的租房合同呢？租客可以搬去那些面积更小、按市场价格出租的公寓，然后通过代金券的形式来获取相当于现金转移的补贴。

根据同样的道理，政府为什么不通过拍卖形式来决定监狱或其他不受欢迎的公共设施应该建在哪里呢？每个社区都可以提交一份封好口的投标书，在里面写明能让他们接受将公共设施建在自己这里的最小金额补偿。投标价格最低的社区将是建设地所在，社区可以得到一笔现金补偿，金额就相当于第二低的投标价格。[5]这笔补偿金可以通过向其他社区征收与其投标价格成比例的税款来获取，这样各个社区就很有理由诚实出价，而不往高虚报。

前面的讨论表明，似乎至少存在两方面的阻碍使政府无法通过使用成本－收益分析来高效地解决公共领域问题。其一在于，以激进的自由主义者为主的许多人从原则上就反对政府进行再分配。其二在于，几乎每天都有无数问题亟待解决，要逐一设计补偿方案是不现实的。

这两个阻碍都非常有说服力，然而任何一个都经不起仔细推敲。先看第一个阻碍，有些人对大众宣称：一切收入转移都是非法的，这一点是原则问题，因为“那本来就是你们的钱”。这里所谓的原则就是，每个人都通过市场中公平、自愿的交换获取财富，因此有权依照自己心愿任意支配这些财富。然而，这一原则若按字面意思理解并不具有说服力，因为按照这一逻辑讲，政府就完全没有权力向公民收取任何税款。然而正如第 1 章里已经指出的那样，这样的政府将不具备任何能力组建军队，它的公民也迟早会被迫向外国侵略者的政府交税。

“那本来就是你们的钱”这种原则之所以不成立，还有一个重要的现实原因。这种原则的支持者们，大概是相信让人们尽可能高比例地直接控制自己创造的资源对他们而言更有利，所以才会支持这一原则。然而，如我已经论证过的那样，这一原则似乎并不值得这些人去支持，因为实际上依照这一原则行事会使人们最后掌握的资源总量变少。如前文所述，民主国家必须在以下两者中做出选择：要么直接将资源转移给低收入人群，要么通过其他成本更高的方式回应低收入人群的利益诉求。

那么，拉低效率的第二个阻碍又如何呢？政府每天面对无数公共决策问题，要逐一实施补偿措施应该是不可能的。对这一问题的答案是，根本不需要进行这种累赘操作就可以进行成本 – 收益分析。我并不是说，这类补偿是不必要的，而是说并不需要在每一个具体的公共决策问题上逐一进行相应操作。成本 – 收益分析的批评者们有一个看法是正确的，他们认为以支付意愿作为分配基准一定会导致许多公共政策都向高收入群体倾斜，因为高收入者能够支付更多钱，原因就这么简单。

然而，与其放弃成本 – 收益分析，政府不如做一个更好的选择：可以毫不歉疚地使用支付意愿作为分配基准，同时利用福利与税收制度对低收入家庭因此而承受的伤害进行补偿。如前文所述，这种补偿不需要而且也不可能针对每个具体问题分别进行设计。以支付意愿为基准进行成本 – 收益分析，然后通过一套能反映出这种分析方式为低收入者带来了多少损害的税收制度，让低收入者从税收制度中获得补偿就可以了。除了为成本 – 收益分析而进行的补偿，还有其他因素让福利与税务减免成为必要，关于这些其他因素，我们将在下一章继续讨论。

THE DARWIN ECONOMY

THE DARWIN ECONOMY

08

“这就是你们的钱”：人们的收入并不只是付出努力的结果

17 世纪的英国哲学家约翰·洛克在《政府论（下篇）》中写道：“每个人都对他自己的人身享有一种财产权，而且这一权利为他所独享，除他之外的任何人都不能拥有。我们可以说，他以自己的身体做出的劳动，以及他用自己的双手进行的工作，都正当地归他所有。”

那种至今仍坚持视所有课税为盗窃行为的极端自由主义者，因为这番话而将洛克视为自己的智识偶像。尽管一些更为认真的自由主义者都无奈地承认至少有必要存在一定的税收，但不可否认的是，洛克的理论对自由主义者群体之外的人们也有着巨大的影响力。既然你通过自己的天赋和努力使一样东西变得更有价值，被添加的价值仿佛就该是你的。政府又有何权利来主张要分一杯羹呢？

自罗纳德·里根在演讲中加以力推之后，人们对自己的劳动成果享有天然权利这一理念，在过去的数十年间愈发深入人心。20 世纪 80 年代末，美国众议院筹款委员会前主席比尔 · 阿彻（Bill Archer）为支持一个对高收入家庭减税的提案而援引里根的说辞，他写道："要把政府手里过量的税金归还到当初将这些钱交到首都华盛顿来的家庭和劳动者手里，这是原则性问题。"小布什曾提出一项共计 1.3 万亿美元的减税法案，该法案的受益者主要是全美国最富有的那些家庭，而他为这一法案做出的辩护着实令人难忘："这就是你们的钱，是你们之前付的。"如果一个美国政治家今天要提议任意一项税收，他的反对者都会立刻严厉地指控他，称他"认为华盛顿的官僚比人民自身更懂如何明智地支配他们的钱"。

所有权的神话

然而，若要仔细审视"保留所有税前收入是人们的天然权利"这一观点，便会很快发现它并不成立。在工业化的现代民主国家中，人们的高收入并不仅仅是他们付出努力的结果。很大程度上，这些收入都得益于政府在基础设施、教育、负责个人私有财产权的界定与实施的制度体系等多方面的大量公共投资。人们总是很容易忽略，这种公共投资一直都在为社会的繁荣发挥核心作用。

数十年前，我曾有机会亲身了解，生活在一个未能获益于这种公共投资的环境之中是怎样一番体验。那时我刚从大学毕业，成为美国和平队志愿者，两年时间里在尼泊尔的一个小村庄担任数学与科学教师。不论在当时还是现在，尼泊尔都是世界上最为贫困的国家之一。

就同当地的其他和平队志愿者一样，我也为自己聘请了一位厨师。他的名字叫博克哈曼 · 拉伊（Birkhaman Rai），来自邻国不丹的一个偏远的喜马拉雅山村，几年前离开家乡来到这里。他一天学都没有上过，却是我见过的最足智多谋、多才多艺的人。

作为厨师，拉伊手艺娴熟，在集市上与人买卖时他又宛如精明的谈判家，而且他还懂得如何宰羊或修补茅草屋顶。他能刷墙，也会修理坏掉的闹钟。他既是个能干的锡匠，也是个熟练的木匠。我最喜欢的一双鞋穿破之后，他将鞋修复得不比任何专业修鞋匠逊色。他很快就成了村庄里修缮工作方面的权威。

由于拉伊不会读写，我离开尼泊尔之后便再没能与他联系。但如今的尼泊尔几乎就同我住在那里时一样基础建设落后，当时我每年从有限的志愿者生活津贴中付给拉伊的几百美元，很可能至今仍是他一生中的最高收入。

如果拉伊出生在美国，他或许早已成为富人。至少，以他的能力和决心，他理应能赚到比他在尼泊尔的收入高出几百倍的钱。

在美国，每年当 4 月 15 日的纳税申报期限临近时，富有的自由主义者们都要愤怒地站出来指责政府在夺走理应属于他们的钱。他们最好能反思一下，不论他们有多聪慧勤奋，如果他们在尼泊尔或索马里这类国家长大的话，从一开始他们就绝无可能赚到可以被人夺去的巨额财富。让他们有机会获取财富的基础设施，都是用税金建成的。他们获得的财富之中，很大一部分都是以其他人所纳的税款进行公共投资而取得的收益，然而那些纳税人却未能从这些收益中分享回报。

利亚姆·墨菲（Liam Murphy）、托马斯·内格尔（Thomas Nagel）等

哲学家经过研究指出，“这就是你们的钱”的说法鼓吹了一种“关于所有权的神话”，使人们偏离了本应该思考的那些有关整个法律与社会制度体系的重要问题。[1] 因此，他们这样写道：

> 所谓“我们的钱”之中有多大比例可以允许政府通过税收手段获取的问题，从逻辑上是讲不通的，因为其实是包括税收体系在内的法律体系决定了“我们的钱”到底有多少。真正的道德问题在于，我们对管理财产权利的法律体系应当以何种目标进行何种设计。什么样的市场能够最好地鼓励投资、提高生产率？什么样的产品应当通过集体公共决策来提供，而什么样的产品又由私人选择提供？政府应当为每位公民都提供最小限度的经济保障吗？在多大程度上机会平等应当被公开支持？社会与经济上的严重不平等是否应该受到道德谴责？如果是，我们能够做些什么来正当地对其加以纠正？[2]

如果不讨论什么人应该缴纳何种税款，当然就无法回答上述问题。然而人们选举出的官员们，只要公开讨论任何一种税收，往往就会被右派人士用一句“这就是你们的钱”打断。无法进行这类讨论使所有人的财富都受到了损害。

要用税收体系为社会工程买单

在过去的一个多世纪里，人们激烈地辩论着以下两种方法究竟哪个更有利于经济繁荣：是集中计划管理，还是将大多数经济决策都下放给去中心化的私人市场进行。这一辩论已经有了结果。不论去中心化的市场体系有什么样的缺陷，苏联集体制的经验使大多数中立旁观者都已确信，一个成功的经济系统必须主要由市场体系及其变体来构成。

当然，实际上即便是受管制最少的市场经济往往也需要庞大的公共部门。除了维系一套能够保障私有企业与消费者关系运转的法律体系，公共部门还要为人们提供道路、教育、治安、消防以及国防等公共产品。税收体系必须为这些公共产品买单。

对某一行为征税不仅会带来财政收入，同时也会减少这一行为的发生。对存款、创造就业机会等有益行为征税，会使“经济蛋糕”缩小；相反，若对污染、交通拥堵等有害他人的行为征税，“经济蛋糕”便会相应增大。在第 11 章里，我还将详细阐释如何从对有益行为征税转变为对有害他人的行为征税。

这种转变能做大“经济蛋糕”，让每个人都有机会分到更大一块，这相对而言理应没什么争议。然而，即便是这种转变，也会遭到来自极端自由主义者的反对。“社会工程！”他们齐声尖叫道。他们口中的社会工程是指任何意在“控制人们的行为，左右人们的选择，改变人们的生活方式”的尝试。举例来说，以减少对进口石油依赖为目标的汽油税就总是遭到他们的这般指责。

然而，正如我在第 1 章中所说的，他们的反对理由非常无力，因为基本上任何法律与规范都构成一种社会工程。禁止杀人与盗窃的法律控制了人们的行为，左右了人们的选择，改变了人们的生活方式，没错，这就是一种社会工程。噪声禁令、交通限速也一样，甚至停车标志和红绿灯也是如此。要消灭社会工程，就只有采取无政府主义了。比起法律与习惯性规范，以税收来抑制有害行为的成本要低得多，且手段也更柔和。税收主要对那些最容易改变自己行为的人产生影响，通过他们的自我改变来抑制有害行为，关于这一点我还会在第 11 章里详细加以阐释。

在这里我们要讨论一个税收政策的话题中更具争议的维度，那就是税收政策对税后收入分配产生的效果，不论是有意为之的效果还是无心栽柳的效果。什么样的收入分配是公正的？如果政府有责任实现公正的收入分配，那么其究竟要承担何种责任？几乎没有其他问题比这些更受哲学家、经济学家、法律学者等人士关注。[3]然而，这些问题远远超出了此处讨论的范畴。我关注的是“任何情况下人为地进行收入再分配都是不正当的”这一经常由自由主义者和保守主义者提出的观点。但事实上，不论一个人对前面那些更为宽泛的问题持何种意见，都很难为这种观点辩护。

例如，正如我们在前一章里看到的那样，拒绝将富人的收入转移给穷人时常导致民主政府被迫以其他效率更低下的方式来满足低收入选民的利益诉求，这种效率低下对贫富双方都有弊无利。宣称你有权利保有自己 100% 的税前收入是一回事，但如果行使这种权利会让你与其他所有人都更贫穷，一定要这样做就说不通了。但自由主义者反对带有再分配效果的税收的理由，还存在其他更为关键的问题。

高效率地供应公共产品

一个重要的现实考虑是，若不愿实施收入再分配，政府就无法向高收入的公民供应他们重视且乐于购买的公共产品。就同私人产品一样，人们对公共产品的支付意愿也随着收入增长而高涨。富有阶层比贫困阶层更倾向于重视公共产品的价值，这并非因为财富使人改变品位，只是因为他们有更多的钱可以花费而已。

一个只由富人构成的社会将比只由穷人构成的社会选择为社会成员提供更多、更好的公共产品。但当各种收入水平的人在同一个社会里生活时，公共产品的本质又要求其供应给每个人的数量与质量是相同的。一个社会必须做出决定，不同收入水平的人应当被征收多少税款以购买这些公共产品。一些简单的例子可以帮助我们解释为何采取累进税制常常是有利于各种收入水平人群的可行做法。

假设两位公民，兰德与保罗，分别拥有位于湖畔的两座相邻的夏季度假别墅。由于近期湖中出现大量入侵物种斑马贻贝，他们两人都不得不每周向自家的水管中加氯，以防水管被这些小型软体动物堵塞。某个厂商向他们介绍了一种新型滤水设备，能为他们省去每周加氯的麻烦。一套设备总价需要 1 000 美元，可供两家同时使用。两个房主都有同样强烈的购买意愿，然而收入为保罗两倍之多的兰德最多愿意为这台设备支付 900 美元，保罗则至多愿意出 300 美元。

他们都不会单独购买这台滤水设备，因为设备对他们任意一人的价值都要低于售价。然而两个人一起购买、共享使用的话就是划算的，因为设备对他们的价值之和共计 1 200 美元。这样一来，他们两人的经济剩余合计是 200 美元，这是通过二人共计获得的滤水设备的价值减去购买设备的成本而得的。而且当“经济蛋糕”做大后，任一当事人都一定有机会分享到比从前更大的一块。

既然分享滤水设备对兰德和保罗而言都是有效率的，我们不妨假设他们很快就达成一致意见，准备一起购买。然而，联合购买、共享使用的提案总是说起来容易做起来难。正如科斯所指出的那样，仅仅是商量联合购买事宜便会产生成本。只有两个人时，这种商谈的成本或许不会过于高昂，但如果成百上千人加入类似的讨论中，沟通的成本便很容易高到令交易完全无法进行。

当人数众多时，所谓的"搭便车"问题也会相应出现。如果一项工程成功还是失败不取决于任意一人在其中做出的贡献，那么每个人都有动机省下自己的力气，或者说"搭便车"，然后寄希望于别人会做出贡献。到最后，即便只有一小部分人实际参与贡献，要就人们如何公平地负担成本达成一致意见仍然非常困难。例如，兰德和保罗或许都不愿意透露他们心中实际愿意为滤水设备支付的金额，其原因就类似于你不想告诉卖家自己最多能接受以多少钱买下他的某块东方地毯。

这些实际问题可能会促使我们授权政府代为购买公共产品。然而即便如此，我们仍然需要就付款方式达成政治协议。

我们假设，兰德和保罗请政府作为他们的代理人购买滤水设备，而政府的税收政策必须遵循"非歧视性"规则，任何公民为公共产品支付的费用都不得高于其邻居所支付的数额。

若只有经过大多数人的同意才能供应公共产品，一个受到上述规则制约的政府就不可能为兰德和保罗提供滤水设备。由于必须实行人头税（一个向每人征收相同数额税款的税种），兰德和保罗每个人都必须为滤水设备支付 500 美元。然而对保罗来说，滤水设备至多值 300 美元，他一定会反对这个提议，于是"大多数人都同意"的条件就无法满足。所以，若只允许实行人头税，民主政府一定无法为他们提供滤水设备。

只要人们的收入差异显著，纳税人内部对同一公共产品的估价往往也就会差异显著，而上述例子所体现的问题在这种估价差异显著的情况下一定会存在。对所有人征收相同税款的规则，会导致政府无法为人们提供很多有价值的公共产品。

现在再假设政府可以对人们的收入实行累进税率。如果收入为保罗两倍之多的兰德是个自由主义者，他可能会痛心地抱怨自己要缴纳的税款比保罗高出许多是不公平的。然而，转念一想他会发现，若他提出反对意见，就会因为缺乏“大多数人的同意”而得不到滤水设备的供应。还是让政府收他 750 美元、收保罗 250 美元，然后为他们购买滤水设备，这样来得更好些。在这种税制下，他只需要付出 750 美元就能够享用对他而言价值 900 美元的滤水设备。选择接受累进税率，他就能为此获得 150 美元的经济剩余。而保罗则以 250 美元的钱换来了价值 300 美元的滤水设备，他也获得了 50 美元的经济剩余。

要求每位公民为共同消费的产品支付完全相同的数额或他收入中的相同比例是十分荒唐的，我们不妨想象一下，一对夫妻若要按这种规则来生活会发生什么，这样我们能更清楚地了解这一点。例如说，朱莉每年能挣 200 万美元，而她的丈夫布鲁斯的年收入只有 2 万美元。鉴于他们的收入差异，比起布鲁斯，朱莉会想要花更多钱在住房、旅游、娱乐以及其他夫妻一同消费的项目上。但若夫妻二人必须平摊这些消费项目的开销，由于布鲁斯收入有限，他们就只能住在狭小的房子里，把他们的孩子送到教学水平不合格的学校就读，在度假、娱乐、享用美食等方面百般节省。这样我们就不难理解，朱莉为何会乐意为她与布鲁斯共享的消费项目分担超过 50% 的费用。

这个例子为我们说明了累进税率的合理性，而这种合理性完全是基于对现实问题的考虑。作为一种手段的累进税率能够同时帮助穷人与富人更充分地达成各自的目的。这本来就与公正、平衡等道德问题完全无关。但是，对自由主义者而言，他们支持累进税率的重要原因往往就在于这些道德问题，而自由主义者与保守派对累进税率提出批评也正是拒绝承认这些道德上的考虑。然而道德问题与实用问题常常不如人们以为的那样泾渭分明。

累进税率

科斯的见解又一次为我们思考旧有问题提供了富有成效的新方法。等级制之中的排序就如同他在作品里集中讨论的外部性问题一样，是人和人之间相互作用的。换言之，若有人在某一集体中排在了较高等级，就一定同时也有人要处于低位。人们在任意集体中对更高排序的追求，导致了一种我称之为“地位外部性”的结果。如果这些希望身居高位的人要成功达到目的，就必须有其他人居于低位并承受居于低位的成本。上述结论，为我们提示了一种站在自由主义者的视角之下支持累进税率的理论。

为了概略地为大家解释这种理论，我们不妨从一个假设条件非常偏向自由主义者立场的思想实验开始讲起。想象一下，你和其他 999 个人经历了一场摧毁全部现有社会架构的大洪水，刚刚从诺亚方舟上走下来。你的任务是和你选择的其他一些人组成新的社会。如果其他人希望构建的社会令你不满，你没有必要加入他们；但你也不可以强迫他人加入你的社会，除非他们认同你的计划。简而言之，在这个思想实验里，所有新建社会都必须完全由相互达成一致意见的成员组成。

在一开始，每个组建的社会都可以按比例分得一部分洪水尚未吞噬的土地与其他物产。例如，你和其他 99 个人决定共同组建一个社会，由于你们社会的人口占世界人口的 10%，最初分得的就是世界上现存土地和其他物产的 10%。每个社会最初分得的财富中并非每一项都令人称心，而人们形成社会后的任务之一就是要就社会内部各成员之间的财富分配方式达成协议。

假设人的天赋与性格都是完全可知的。你和其他一些人联合组成一个社会后，你就可以依靠自己的努力与能力去自由赚取相应的财富，但你同时也必须遵守你所在的社会决定采纳的任何税收法律与其他规范。

稍加思考便可发现，那些对你来说至关重要的结果都取决于同意与你一同组成社会的人是谁。如果你的社会中大部分人都有较高的生产率，那么你的社会就能比那些由生产率低下者构成的社会购买更多、更好的公共产品。但如果同你居于一个社会之中的大多数人都远比你生产率高，对你而言也会有负面影响。

举例来说，假设你和大多数其他人都想要周围风景优美的房子。然而，并不是所有房子周围都有优美的风景。很不幸但非常可能发生的情况是，你的社会采用了类似市场机制的模式，在社会成员内部分配土地和其他物产。生产率最低的社会成员将无法住上带有景观的房子，这一点基本确凿无疑。

也许房子有无景观对你来说并不重要，但你很可能的确会在意能否将你的孩子送入一个好学校读书，使孩子将来能在好大学的招生活动或是理想职业的招聘活动之中成为一个有力的竞争者。然而，好学校也是一个相对而言的概念。所谓好学校，就是相比同一范围内其他学校而言更受青睐的学校。

在很多国家，最好的学校基本都位于最富裕的街区。在有些地方，这是因为学校预算的一大部分都来源于财产税。但即便是在每所学校学生人均分得预算额相同的情况下，教学质量最好的依然是那些处于最富裕街区的学校。一个原因在于，学校质量的重要决定因素是学生质量，而最为成功的家长从孩子入学前到就读后都一直为孩子提供优渥程度远超常人的学习条件。正是因此，供这些学生就读的学校，即便预算同其他学校相同，也有更好的教学氛围。

如果孩子的教育对你来说十分重要，那你不论在哪个社会之中都需要购买一套好学区内的房子。我们再次假设，大部分社会中，私人市场都是最主要的分配机制，那么你若加入了一个大多数人的生产率都远高于你的社会，你能够将孩子送进一个相对较好的学校的机会就非常有限。

于是，你在做出加入社会的选择时不得不考虑你相对于其他社会成员在生产率排行榜里居于何种位置。最好的结果当然是成为一个高度繁荣的社会中生产率最高者之一，这样你将同时享受绝对与相对意义上的财富。但对大多数人而言，这都是不可行的。在任何社会中，其他人的平均生产率上升必然导致你在其中的排名下降；相反，当其他人的平均生产率下降时，你的生产率名次就会上升。

因此，生活在一个平均生产率更高的社会带给你的好处，会被你在这样一个社会中收入排名较低带来的坏处所抵消。其他条件一致的情况下，大多数人当然会希望占据更高的社会地位。然而从数学上来说，不可能一个社会中的每个人都是社会地位较高者。于是问题变成，为什么还有人愿意加入一个他会成为其中地位低下者的社会呢？

如果人们决意避免社会等级较低的情况，他们可以与生产率同自己刚好持平的人一起组建社会。最有能力的那群人可以形成一个人人都最有能力的社会，能力其次的可以形成一个人人都能力其次的社会，以此类推。在这些社会中，没有人会成为社会地位更低的人，但这种解决方式也会让人错过一些互利交易的可能性。例如，一个社会若全部由最具天赋的人构成，谁又会去清扫大街呢？而在一个所有人都最缺乏能力的社会里，脑外科手术又要由谁来做呢？

抛开这些实际困难不论，纯粹的层级同质化社会也会使人们失去本能够从交易中取得的潜在好处，而这种好处只要当一些人比另一些人更在乎社会排名时就会出现。如果高排名对一些人而言的价值超过了低排名对其他一些人的成本，能力各不相同的人们可以组建出一个让人人都比其在层级同质化的社会中受益更多的混合型社会。

例如，假设兰德可以保留他所有的劳动成果，那么他一星期就能创造并赚取 10 000 美元的价值，而保罗的相应数据仅为 5 000 美元。他们二人都愿意至多支付各自收入的三成以换取社会中较高的地位，因为这一地位可以帮助他们购买带有景观的房屋或是将孩子送进好学校；同时，只要能获得相当于各自收入三成的赔偿，他们也都愿意为此安于一个较低的社会地位。换句话说，我们假设兰德在以下三种情形下都是同样满意的：每周赚得 7 000 美元并居于社会高位；在同质化社会中每周赚取 10 000 美元；每周赚取 13 000 美元并充当社会中最不具有生产率的成员。在最后一种情形中，他不会有机会拥有一套附带景观的房子，但多出来的钱可以让他购买其他有吸引力的东西。至于保罗，他在一个社会中身处低位但每周挣 6 500 美元，将会和他在一个所有人都挣 5 000 美元的社会里一样开心。

在这些条件之下，不论是兰德还是保罗，与对方合作都会比他们各自同能力与自己完全持平的人组成社会要好。如果他两人结盟，每周的总收入（将二人各自的产出相加）将会是 15 000 美元，且显然兰德会是社会中生产率较高、地位更高的成员。假设兰德分得其中 8 000 美元，而剩余的 7 000 美元属于保罗，这样一来，相比他们各自和相同能力者组建社会并获取与其产出相对应的财富，兰德的经济剩余为每周 1 000 美元，而保罗的经济剩余为每周 500 美元。

但如果兰德毫不介意自己是否在社会中占据高位呢？那他最好的选择是加入一群比他更有生产力且在意社会等级的人。他在集体中作为低位成员的存在将会成为一种财富，因为正是他处于低位才让其他人能够身居高位，他将会为此得到相应的补偿。

由此，我要主张的观点是，即便在一个为了照顾自由主义者的感受，让他们远离任何可能受到的强制而特意构建的情境之下，自愿形成的社会依然会采用累进税率。在这个思想实验中，累进税率的累进程度将由一些人愿意为社会高位付多少钱以及另一些人愿意为多少钱同意居于社会低位来决定。这些实际操作的问题，我稍后再继续分析。现在我们需要注意的是，在思想实验中没有一个自由主义者有理由抱怨这样的税收体系。重点在于，如果我们禁止使用累进税率，导致的结果便是每个社会都只能由能力层级一致的人组成，这对所有人来说都不是最理想的安排。

上述思想实验支持累进税率的依据，并未直接引入关于公平、公正的考量。每个社会的税收结构之形成，都是自由、独立的个体之间以自利为目的进行交易导致的直接结果。

然而，如果我们能够同意，在社会等级中更高的地位是有价值的，对上述思想实验的解释就完全不与传统讨论中的公平、公正问题相矛盾。前面已经提到，一些人能在社会中占据高位的唯一途径便是让另一些人处于低位。在任何一个由能力不同者组成却又未采取累进税率的社会里，占据社会高位的人便是在免费享用一项宝贵财富。这一财富之所以存在，正是因为其他人负担了处于社会低位的成本，使他们占据社会高位成为可能。就通常意义上的公平、公正而言，有些人不付出任何代价就利用他人承担的成本来获益，这显然可以说是有失公平或公正的。

劳动力市场中高排名的隐性市场

这个思想实验或许看起来有些天马行空，但一种与之相近似的情况实际上经常发生在人们身边高度竞争的劳动力市场中。在美国或是大多数其他民主国家，任何人不得被强迫为某一公司工作。我们也大可推断，当其他条件相同时，多数人更愿意处在一个比其他同事更高而非更低的排名上。从这两个假设可以得出一个清晰的预测：一个由能力不同者组成的工作团队绝不可能保持稳定，除非在团队内部，报酬能由生产率更高的成员转移给生产率更低的成员。这其中隐含的推理逻辑与刚才讨论的思想实验完全相同。

为了验证这一预测，我们可以比较一下工作团队内部的报酬模式与传统劳动力市场理论下预期的报酬模式，后者推定地位排名是无关紧要的。根据这类理论，劳动者所获报酬是他们劳动产出的市场价值。在现实市场中，报酬确实随着劳动者自身生产力的提高而提高，但并非产出提高了多少，报酬就会随之提高同等数额。例如，一个房屋构架团队中最能干的木匠，产出或许比他最不能干的同事多出一倍，但他的工资几乎不会比后者高出三成以上。

因此，我们在任何工作团队内部看到的工资分布，一般都要比个人生产率的分布更为紧密。若想亲自观察这种规律，你不妨想想在自己所在的组织中那些从事相似工作的共事者们（打个比方，你若是一个大型律师事务所的初级律师，那就想想与你同组的其他初级律师）。第一种情况是，你们失去了两个生产率最高的同事；第二种情况是，三个生产率最低的同事离职了。哪一种情况对你们团队造成的损失更大呢？大多数人一定毫不犹豫就会认为是失去两个生产率最高的同事的情况。

假如真是如此，依照传统劳动力市场理论，他们二人的工资之和应当比那垫底的三人的工资之和更高。然而现实中往往相反：在一个团队完成类似任务的人中，任意三人的工资之和都会比任意两人的工资之和明显更多。简而言之，典型的规律是，一个团队中生产率较高的成员所获报酬比他们创造的价值要少，而最不具有生产率的成员获得了高于其创造价值的报酬。

我的看法是，这一规律反映出工作团队内部有一个高位排名的隐形市场在运作。这一看法若正确，就可以简单地回答一个原本十分恼人的问题：为什么在一个工作团队中最富生产率却又看似未能获得足够报酬的员工，并没有很快被与该团队相竞争的雇佣者以更高的薪酬挖走？虽然他们当下的薪资比传统劳动力市场理论所预计的要低，但他们其实还得到了其他一些对自己而言很有价值的回报。他们留在原来的团队里，正说明了他们所处的高地位完全能够抵消报酬上的不足。同理，团队中那些生产率低下的同事虽然感到排名居于最底端是恼人的，但仍然选择留在这里工作，就说明他们从高薪酬中获得了充分的补偿。

于是，私人劳动力市场对每个工作团队内部薪酬分配的影响，从效果上来说就相当于一种隐形的累进税率。在美国，劳动合同都是自愿签订的，自由主义者若要反对说这些收入上的转移违反了任何人的权利，就非常荒谬了。

高排名值多少钱

高排名的劳动者无形中转移给低排名同事的收入，到底有多少呢？或者我换一种方式提问，生产率最高的劳动者为他的雇主创造的价值，到底比他的薪酬要高出多少呢？生产常常是一种复杂的团队活动，个体的生产率差异一般都极难估量。但在有些情况下，我们仍然可以对劳动者为雇主创造利润的个体差异估计出合理范围。

下面以我自己工作的大学为例，阐释如何在特定情境下完成这种估计。与我同任教职的同事们有两个主要任务，其一是教学，其二是学术研究。每人在每个领域中的贡献都是复杂且多维度的。即便如此，我们也有可能粗略估计出个人总体贡献的差异至少大到何种程度。

例如，虽然学术研究的总体生产率极难计量，其中的一个方面却很容易通过金钱进行量化，那就是看研究者能够从除大学以外的来源获取多少拨款和其他财政支持。一个教员从政府机构或私人基金获取一笔研究经费后，钱通常会被分配给直接的与间接的两类开销。预算中分给直接开销的钱，用来购买实验器材、物资，并负担其他由开展研究直接导致的花费。

而预算中分给间接开销的钱，就要用来帮助支付图书馆、公共事业、信息网络、行政与其他支持性职员，以及清扫积雪等方面的花费。

眼前问题的重点在于，需要由预算中的间接开销部分来负担的花费是基本固定不变的。一名教授获得了一笔经费，并不会导致校长的薪水、图书馆的花销、清扫积雪的费用或是其他日常管理费用相应提高。这也就意味着，如果大学新聘请的一位教授从他带来的研究经费中每年贡献出 100 万美元用以分摊间接开销，大学的年预算就会相应增加 100 万美元。换言之，相比让这位教授留在他原本那所学校，雇用他以后，这所大学的预算剩余将是每年 100 万美元。

高质量教员的劳动力市场竞争极其激烈，为了吸引到那些持续贡献大量资金给间接开销的教员，各所大学都在努力相互争抢。依照传统的竞争性劳动力市场理论，生产率的内部排名无关紧要，劳动者对雇主贡献的每一美元都会相应地反映到薪水数额中。这一模型的预测结果是，一位能为大学每年稳妥地带来 100 万美元用以分摊间接开销的教员，将会比另一位其他条件都相同但无法分摊任何间接开销的教员，薪酬高出 100 万美元。例如，假设一所大学试图聘请其他大学里一位很擅长获取研究经费的明星教员，且为他开出的薪水相比他现有报酬的涨幅要小于 100 万美元，那么他目前所在大学一定会为了留下他而将他的薪水涨到和对方开价持平的数字。

然而，我们发现教员的实际薪水同他通过这种计算方式得出的生产率之间其实完全没有这么紧密相关。例如，在康奈尔大学的某个科学学部，教员对日常管理花费的长期平均贡献每增加 1 美元，他的薪水只会随之增加 9 美分。[4]

假如能分摊最多间接开销的教授在其他方面比其同事要生产率低下，那么他们所获薪酬相对于他们对间接开销的贡献而言看似明显不合理，或许只是个错觉。也就是说，那些获得最多研究经费的教员，或许是因为他们教学能力不足，又或许是他们在其他方面对大学的贡献不够有价值，才没能得到与其经费获取能力相称的薪水。这是一种说得通的解释，毕竟教授的时间精力十分有限，在教学与研究两者之间很难不加取舍、完美两全。

然而证据显示，获取经费最多的教授往往也在其他重要方面比其同事生产率更高。例如，经费的发放一般要考察研究者的学术声誉，所以那些获得最多经费的人正是那些对大学名望贡献最多的人，这种贡献与其所获经费的多少无关。证据还显示，平均而言，作为研究者生产率更高的人，往往作为教师生产率也略高一些。[5] 所以，个体之间对间接开销的分摊数额之差异，基本可以准确地反映整体生产率的差异。然而薪水的差异相比间接开销分摊数额的差异，实在是微不足道。

这一规律非常普遍。在每一个可以由数据支撑相关比较的行业中，任何团队中生产率最高的劳动者，薪水都比他们贡献的价值要小得多，而生产率最为低下的劳动者则恰恰相反。[6] 其他一些因素当然可能会影响我们观察到的这种薪水与贡献价值之间的出入。但即便将这些因素都剔除出去，仍然会出现显著的工资压缩现象。[7] 在假定人们认为工作团队内部的高排名很有价值的情况下，这正是我们会预测到的结果。

由于较高排名只有在其他人同意处于相对的较低排名的情况下才能存在，高排名显然有其高昂的隐性价格。从效果上看，每个雇佣者都在进行一种隐性的收入再分配，向更具生产率的劳动者收税，并将他们的收入转移给生产率低下的人。

那些特别重视高排名的人，更倾向于接受作为一个平均生产率相对较低的团队中最具生产率者所必须承担的隐性工资罚金。相反，那些基本毫不在乎排名的人就会甘心在平均生产力较高的团队中居于底端，以此换取隐性工资奖励。至于那些对排名在乎程度中等的人，最好的选择则是在一个生产率适中的团队里居于中等排名，这样他们所获薪酬会大致等于他们产出的价值。

实际上，针对高排名的隐性市场运作方式非常类似针对安全性、自主性等职业特征的隐性市场。那些特别在意安全的人，会选择最为安全的职业并承受工资上的惩罚，以此避免另行采取安全措施的成本。那些将自主性看得很重的人，也会选择给他们最大自由度的工作，并承担工资上的相应惩罚。而格外看重高排名的人，会去选择那些可以让他们居于高排名的工作，并且愿意接受一般来说数额甚高的工资惩罚。

就如同针对其他可取职业特征的隐性市场一样，高排名的隐性市场的运作也在很大程度上是公司与劳动者在主观上意识不到的。受影响的当事各方还未进行任何艰难的、代价高昂的磋商谈判，税收和转移就已经发生。公司只不过公布出他们的薪资安排，而人们只不过选择最适合自己的职位。存在于工作团队内部的高排名隐性市场是难得的一例，在这个例子中，交易成本没有阻止人们自行找出解决外部性问题的有效方式。

工作场所之外的社会比较

在同事中的排名并不是唯一重要的社会等级。人们也会在意自己的收入与工作单位之外的人相比如何。例如，有研究发现，有姐妹做家庭主妇的女性，在其姐妹的丈夫比自己丈夫收入更高的情况下，她出门找工作的概率会高出 16% 至 25%。[8] 与邻居的收入相比如何很重要。[9] 与朋友的收入相比如何也很重要。确实，他人的消费会成为塑造我们消费标准的参照物，所以社会共同体中任何一个人的收入多少都不是无关问题。

工作团队内部较高排名的隐性市场，对于在工作场合之外解决社会地位的外部性问题毫无帮助。恰恰相反，由于这一市场让那些在工作团队内部占据高排名的人牺牲了很大一部分他们本应获得的报酬，实际还会导致这些人在工作场合之外面临更加严峻的外部性问题。

不过，对任何人来说，要在一个社会共同体中同陌生人协商处理社会地位的外部性问题，都比在私人工作团队内部解决类似问题艰难得多。正如前文所述，解决工作团队内部的地位外部性问题基本不需要经过任何复杂的协商过程。公司只需要公布一份相对于生产率差异分布更为紧密的薪资计划，然后让劳动者选择最适合自己的职位。相较之下，要在工作场合之外和其他人商量类似的问题就会代价高昂且极为困难。

任何问题只要涉及会祸及他人的活动，科斯的理论都是支持自由市场的保守派们在相关辩论中时常引为己用的权威理论。但科斯的中心观点并不是认为政府不应介入以削减有害他人的活动的危害，而是当过高的交易成本使人们自主协商以解决这些问题变得不现实时，政府应当制定法律、界定财产权利，从而使实际结果接近人们能自主协商时会达成的一致意见。

我认为将富人的收入转移给穷人的税收系统正是可以运用上述理论的

一例。[10] 这就像几乎在每个私人劳动合同中都隐含着的那种转移，它体现了社会层级不同带给人的成本与收益。这种税收系统可以促使形成一个更稳定和多元的社会。

高社会排名给他人施加的成本

我为前文这一思想实验设计的细节，意在建构出一个即便在最极端的自由主义者看来也不可能侵犯到任何个人权利的环境。打个比方，一个人若是想骑摩托时不戴头盔，他绝不会被迫加入一个要求他必须戴上头盔才能骑行的社会。而且，也没有人能强迫他加入一个会对他不戴头盔骑摩托的行为征税的社会。

我们的思想实验得出了惊人的结论：即便在这样一个环境中，自由主义者也没有理由拒绝加入一个向富人征税、将其收入转移给穷人的社会。如果他们足够在意高社会排名，他们就会更愿意被征收税款而不是被一个让他们占据高排名的社会驱逐出去。如果他们不在意社会排名高低，他们会发现加入一个自己处于低排名的社会就能获得更高的税后收入。

许多富有的自由主义者感觉自己理所当然就有一种权利去享有在社会等级中的高排名，对这一点我们并不惊讶。但如果交易成本足够低、社会可以自由组建与解体的话，他们就不可能企图免费获得这一权利。他们将不得不为这一权利而与人进行交易。从工作团队内部的高排名交易这一类似过程中，我们可以知道高排名的价格绝不便宜。

一个有钱人也许刚从屠夫的冷藏库里拿走了三块牛排，却想只付其中一块的钱，他没有权利这样做。一个有钱人也许还想不花一分钱就在社会等级中占据一个高排名的位置，他同样没有权利这样做。

机会在召唤

试图纠正市场失灵的努力从一开始就一直是人类社会的中心任务，虽然人们一般难以注意到这一点。不幸的是，政治光谱左右两端都对这种努力抱有错误认识，导致许多努力都未能成功。

左派所推崇的规制性救济手段，建立在“市场失灵是由经济寡头的剥削行为导致的”这一观点之上。右派则会反对称市场仍然有充分竞争，有亚当·斯密的“看不见的手”进行调节就足够了，不需要政府的规制。虽然市场确实是高度竞争的，但保守派们对“看不见的手”的笃信却过于夸大了。

正如达尔文清楚认识到的那样，自然中不受限制的竞争时常无法促进获取共同利益，但这并不是因为垄断剥削。这只是个人利益与集体利益之间时常发生严重分歧导致的结果而已。人类以外的动物对此基本束手无策，早期人类虽然有更为优越的沟通技能，也并不比其他动物要好多少。但自从工业革命以来，人类社会取得了重大进步。爆发式材料革新的发生，几乎完全依靠拉近了个人利益与集体利益之间距离的全新社会制度。

然而，还有无数宝贵机会我们仍未充分利用。“这就是你们的钱”的话术在近年的政治辩论中大为流行，导致人们甚至无法讨论税收和那些让所有人受益的财政支出政策。在这一章里我已经阐明，对分配问题的误解导致人们未能成功地抓住许多宝贵机会。

坏消息是，反对者们在分配问题的辩论中以一种救世主心态对各自的立场固执己见。然而我们看到，以其他方式展开这场辩论会带来更好的前景。要支持更平等的资源分配方式，不仅可以通过抽象道德理念来辩论，还可以通过这种分配方式带来的互利效果来阐释。正如我下一章主张的那样，如果我们能舍弃那些并无依据的关于成功与价值之关系的成见，人类社会还能取得更大的进步。不过好消息是，由于当前的安排实在是极其缺乏效率，我们将会有很大的进步空间。

THE DARWIN ECONOMY

THE DARWIN ECONOMY

09

成功与运气：
成功对于运气的依赖比多数人想象的要大

人们经常会谈论感性大脑和理性大脑，就好像我们的身体里住了两个不同的人，一个由理性主导，另一个由情绪主导。但神经科学家认为，大脑的情绪回路和认知回路的相互依赖性极强。[1]

在某些特殊情况下，大脑甚至不需要经过明显的认知过程，就能产生强烈的情绪反应。例如，一旦看到与蛇相似的物体，在画面传达到大脑的认知回路之前，人就已经产生了恐惧。[2]但是，更普遍地来说，人们的情绪反应很大程度上取决于在认知时如何对事件进行构建和解读。

打个比方，要想判断某个人的行为是否属于会引起他人愤怒的冒犯之举，我们必须首先了解该行为发生的环境，以及该环境所适用的规则。在熟悉的环境中，我们的情绪反应通常是非常精准的。但异常的情绪反应并不罕见，尤其是在不熟悉的文化环境中。

有一年休假，我和家人在巴黎的时候就发生过一次类似的事情。海登，我最小的儿子，当时正在城里的一所法国学校上五年级。有一天下午，他回到家的时候怒气高涨。他说他收到了一则学校的纪律警告，但事情本与他毫无干系。这个处分是由操场管理员提出的，理由是有一位学生对这个管理员喊脏话。

管理员认不出具体是哪位学生喊的，于是就指控了所有在附近玩耍的学生，其中包括海登。海登坚称自己没有对管理员说过一个字，他希望我们要求学校召开听证会，以便澄清真相。我咨询了几位朋友，他们告诉我说学校是不可能进行调查的。我还了解到，除非在同一学年里，学生已经累计收到过 3 次警告，否则这次警告不会造成任何影响。

我向海登解释，法国学校的公平体系似乎跟我们原来在美国时有差异。法国学校并没有投入大量的时间和精力，来查证每一次可能的违纪行为的具体情况，而是采取了另一种办法来保证与事实基本相符的结果。我解释说，即便进行充分的调查，也有可能得出不正确的结论；虽然如果不进行调查，误判的可能性显然更高，但如果一个学生在一个学年内累计收到 4 次警告，那么他至少有一次是真的违反了规定，这种可能性还是极高的。令我震惊的是，我儿子在了解到还可以从另外一个角度考虑问题时，他的怒气很快就消了。

人们对税收的认知也能对自身的情绪反应产生同样重大的影响。如果我们认为纳税就等同于陌生人没收本该属于我们的财产，那么我们就几乎不可能不愤怒。但其实通过不同角度来看待税收才是更合理的。比方说，我在前面的章节也曾讨论过，如果没有税收支撑大量的公共投资，现代工业国家也不可能实现很高的平均收入。意识到这点，就能瓦解掉让我们贸然愤怒的认知。

然而，即便认同税收合理性的人，也通常保留着一种固执的观点，那就是他们个人所承受的赋税太重。在税前收入最高、与他人纳税差距极大的人身上，这种观点自然最为集中。尽管平民主义者抱怨富人能找到无数的纳税漏洞，但在 2007 年，美国收入前 10% 的人贡献了 71% 以上的联邦税收，收入前 1% 的人对税收的贡献则超过了 40%。[3]

成功与美德

在 1988 年民主党全国大会上，得克萨斯州农业委员吉姆·海托华（Jim Hightower）形容老布什是“出生于三垒，就认为自己能打出三垒安打”。[4] 鉴于布什先生的家庭背景在他事业生涯中所起到的显著作用，他应该意识得到幸运女神一直垂青于他。通常来说，自力更生的人其实更符合海托华的描述。自力更生的人明白自己有多努力，他们清楚地记得自己做出的每一次牺牲。相比之下，那些顶尖富豪的继承人更有可能不会意识到好运气对其成功所起的关键性作用。

假如说人们倾向于忽略好运气对于自己成功所起的作用，他们也往往会忽略霉运对于别人失败的重要性。有时候，有些人申请破产是因为不努力工作，花销没有节制。但在美国，由于重大疾病而失业并失去医疗保险，最终导致破产的情况更为常见。这些影响因素却从来没有在关于贫困的社会评论中被提及。例如，一位评论员曾在由田纳西大学法学教授格伦·雷诺兹（Glenn Reynolds）主办的保守派博客“博学网”（Instapundit）发表以下感想——雷诺兹后来将这一评论选为“今日最佳点评”发表在了博客上。

造成“财富或收入鸿沟”的原因是：聪明的人一直做聪明且赚钱的事，而愚笨的人一直做愚笨的、让自己无法达成目标的事。

受过良好教育、不沾毒品、专心工作、拥有储蓄习惯、明智投资的人，比那些退学、滥用药物、透支买豪华汽车和房子而最终失去它们的人，表现好得多。

我们之间并不存在收入鸿沟，存在的是智商鸿沟。[5]

努力工作、一心一意的人当然更有可能获得成功。然而，经济学家正逐渐意识到，成功对于机遇的依赖性比大多数人想象的要强得多。经济失败在很大程度上也是由于机遇的变幻。

本书的核心主题之一就是：作为个人，我们经常会面临各式各样的诱惑，这些诱惑致使我们损害公共利益；为了抵制这些诱惑，相对于直接管制而言，征税通常更为有效且干扰性更低。然而，在美国提倡新的税种，往往会被认为是政治上不可能实现的事情。这大多是因为，主流的认知将征税描述成对个人自由的侵害。国家迫切需要彻底改革税收政策，然而，只有支持改革的新认知框架能够流行开来，这才有可能实现。

即便进行乐观估计，重新构建框架的速度也不会很快。但是，美国现有的税收结构会造成极大浪费，所以这种做法仍值得去推进。而要想迈出有效的第一步，就要更加密切地审视成功与运气之间的关系。

与多数父母教导孩子的观点正好相反，天赋与努力工作既不是经济成功的必要条件，也不是充分条件。绝大部分成功人士当然既有极高天赋，又努力过人。然而，也有一部分获得了巨大成就的人两样都不沾。真人秀主角、假唱男子组合的成员、用客户的养老储蓄购买次贷证券并在市场崩溃前成功逃离的基金经理不就是这样的人吗？

其实，更常见的是，天赋异禀并且极其努力的人只能获得中等收入。他们中有数以千计的人都很走运，不过最大的赢家是那些既有天赋、野心、努力，又拥有极佳运气的人。

比尔·盖茨是个幸运的人吗

微软的联合创始人比尔·盖茨曾是多年的世界首富，至今仍居富人榜前三名。他于 1955 年出生在西雅图的一个富裕家庭，后来进入私立学校学习，13 岁的时候就开始接触电脑编程。他在西雅图上的高中有一个电脑俱乐部，这在当时是极为罕见的，并且他能进入华盛顿大学的电脑实验室，他非常喜欢那里。

这些背景，连同他的天分、野心和勤勉，使他与自己的高中朋友、哈佛同学保罗·艾伦一同创建了一家软件创业公司。远在我们听说微软的大名之前，它就已经是一家生意兴隆的企业，但它的创始人团队在 1976 年为公司取名的时候，肯定没有想到，迎接它的将是如此辉煌的前程。

为开发一款用于 IBM 即将推出的个人电脑的操作系统，IBM 向微软进行咨询，这是故事的开端。伦纳德·蒙洛迪诺（Leonard Mlodinow）在 1990 年出版的书中回忆道，最开始时，盖茨回复 IBM 说微软无法胜任这个项目。[6] 他建议 IBM 去联系加里·基尔代尔（Gary Kildall），他的数码研究公司当时已经开发出了一款名为 CP/M 的个人电脑操作系统。

但基尔代尔的妻子，也就是数码研究公司的管理人，拒绝签订 IBM 提出的保密协议，于是谈判以失败告终。IBM 的杰克 · 萨姆斯（Jack Sams）又回去找盖茨，讨论是否还有其他可行的办法。萨姆斯和盖茨都清楚，还有另外一款操作系统或许可以派上用场，那就是 QDOS，6 个星期前由来自西雅图电脑产品公司的蒂姆 · 帕特森（Tim Paterson）开发出来的一款“快速而卑鄙的操作系统”（quick and dirty operating system），这款系统借用了基尔代尔 CP/M 系统的操作手册作为基础。帕特森对 QDOS 做了足够多的明显改动，以便能够合理地拥有法律上的所有权。

根据蒙洛迪诺的叙述，后来盖茨向萨姆斯提出了一个事后被证明价值数十亿美元的问题：“你希望得到……（QDOS），还是希望我拥有它？”萨姆斯似乎没有领悟到这个问题所蕴含的经济意义，据说他是这样回答的：“当然，由你拥有。”

此后，盖茨提议微软以大约 5 万美元收购 QDOS，然后做了进一步改动，并将之重命名为 MS-DOS，作为微软磁盘操作系统。但最大的幸运之处在于，IBM 对个人电脑的市场前景持明显的悲观态度，从而允许微软保留操作系统的所有权，只对每一套系统的发行收取少许的许可费。正是这一步，让微软开始平步青云。

如果盖茨的高中没有电脑俱乐部，如果基尔代尔的妻子愿意签署 IBM 的保密协议，如果帕特森更加慎重地对待与微软的协议，如果以上事情中的任何一件没有发生，那么比尔 · 盖茨几乎不可能取得如此巨大的成功。

值得称道的是，盖茨一家似乎充分意识到了自己的幸运。盖茨后来被问到有多少青年人在上大学之前能够拥有与他相同的背景，他说道："假如说能有 50 人，我就会觉得很惊讶。我在很小的年纪就接触到软件开发，当时其他任何人都不可能拥有这样的条件，所有的一切都归功于一系列不可思议的幸运事件。"[7] 近年来，盖茨及其夫人向"比尔和梅琳达·盖茨基金会"的捐款超过 300 亿美元，该基金会为减轻全世界人民的疾苦做出了大量贡献。盖茨的父亲，老比尔·盖茨，长期以来都在猛烈抨击有关取消房产税的提议。

与运动有关的幸运

促成比尔·盖茨成功的偶然事件在事后看来都极为重要。但其他许多成功故事中的偶然事件，哪怕我们留心关注，其重要性却不显眼。让我们来看看有哪些事情能够最终决定职业运动员的成功。马尔科姆·格拉德威尔（Malcolm Gladwell）指出，在最顶尖的冰球职业联盟中，大约 40% 的球员出生于 1 月、2 月或 3 月，而只有 10% 的球员出生于 10 月、11 月或 12 月。[8] 他认为，之所以存在这种巨大的差异，是因为几乎各地的青年冰球联盟都将 1 月 1 日定为入队选拔的生日截止日期。

在年初出生的球员因此会一直成为队里年纪最大的成员。平均来看，他们的个头、强壮程度、速度和经验都比出生在后面月份的队员略胜一筹。由于他们在每个阶段都具有优势，因而更容易被选拔进入精英巡回队和全明星球队，也更有可能参与配备一流设施和一流教练的项目，或者获得运动奖学金，等等。

具备勤勉天赋和能力本身已是一种极佳的运气

格拉德威尔并不是说，只要在 1 月出生，就能保证毫不起眼的冰球运动员在日后有很大概率进入美国冰球联盟。他的观点在于，生日时间这样简单的偶然事件，就能对成功的概率产生影响。

尽管，勤勉工作和高超技能不能保证一定取得成功，但成功人士还是孜孜不倦地将自身的成功归功于这两个因素。这是因为，大多数成功人士身上都具备这两个因素，若非如此，他们成功的可能性将大大降低，这样的表述也是发自内心的。但是，为什么某些人天生就具备比别人更为出色的技能呢？为什么某些人的勤勉程度远远超乎他人呢？通过近距离的观察，我们可以清楚地看到，能够具备这两个因素，本身就含有很大的运气成分。

环境和基因对于个人的影响究竟各占几分，这一直是个争论不休的问题。无论结果如何，事实上这些因素共同在发挥影响。有些人天生聪敏过人，那是因为他的基因里就携带了“聪明”的因子，或者因为他是在一个鼓励、刺激他发展智力的环境中成长起来的，又或者基因和环境的影响同时存在。我几乎可以肯定地说，是最后一种情况。

有些人能够，也更愿意勤勉工作的原因也是如此。这种性格可能部分源自基因，部分源自成长的环境。无论基因和环境各自的影响孰轻孰重，可以肯定的是，具备这两项品质的人在生活中拥有明显的优势。

如何才能在出生时就拥有出色技能和勤勉的良好基因，并且拥有一个能够促使他们获得这两项品质的成长环境呢？答案很简单，那就是靠运气。即便拥有这些品质不能保证一定成功，但他们成功的可能性远远超过那些缺乏天分和优越环境的人。

成功与运气的相关程度比大多数人想象的要高，但这并不是在否认努力工作能够增加成功的可能性，也不是否认努力工作本身需要付出巨大的努力。有这么一个故事，有人在一个鸡尾酒派对上遇到了一位著名的小提琴家，他说："如果能够像您演奏得那样动听，我愿意付出一切代价。"演奏家问道："那您愿意每天练习 8 个小时吗？"

心理学家 K. 安德斯·埃里克森（K. Anders Ericsson）在职业技能方面颇有研究，他曾估计，要想真正掌握一门技能，专注练习的时间至少要达到一万小时。[9] 这未必是一种辛苦和劳累的负担。甲壳虫乐队在英国一夜成名，而在此之前，他们在德国汉堡市的廉价酒吧里磨炼了不止一万小时。许多传记在描述他们的经历时，都指出他们非常享受在汉堡的那段时光。比尔·盖茨在青年时代，就在编程上投入了不止一万小时，那大多都是专心致志的愉快时光。

然而，更常见的是，在为技能奠定基础的一万小时里，人们都太过于愉快而无所事事了。正如埃里克森及其合著者所言，要想能够真正达到"有效练习时间"，其实要求很高：

> 你需要一项特定的练习，也就是刻意练习，才能锻炼技能。大多数人在练习时，只专注于他们已经掌握的技能。刻意练习是不同的。它是针对某些你不能做好，甚至完全不了解的事情，去做精心思虑的、具体的、持续的努力。诸多领域的研究表明，只有在你尚未掌握的事情上下功夫，你才能成为你所希望成为的专家。[10]

简而言之，成为一名真正的专家并不容易，这需要付出巨大的耐心和决心。要想树立这种决心，把努力工作的意愿视作由偶然事件决定的是没用的。抱有那种想法的人，通常更容易袖手旁观，看命运是如何为他做好安排的。那些想着“好人都努力工作，而我是个好人”的人也许更容易树立专注于艰巨任务的决心。

夸大道德品质在成功中所起的作用，这或许是一种有益的心理暗示。但是这种心理暗示并不能改变一个事实，那就是具备勤勉天赋和能力本身已是一种极佳的运气。

赢家通吃市场是如何将小的差异放大的

天赋和努力程度的差异能够解释为何人与人的收入之间存在巨大差异。我们在看待收入鸿沟时，还须考虑一个重要的维度，那就是劳动力市场如何将这种差异转换为税前收入的差异。

教科书里的竞争性劳动力市场模型认为，劳动者的收入取决于他们为雇主所增加的利润。有一种直觉式的观点很常见，那就是薪资随着能力的不同而变化，这与竞争性劳动力市场模型的说法十分相符。比方说，在一家砖厂，每小时生产 101 块砖的员工的工资应该比每小时生产 100 块砖的员工高 1%。但正如我和经济学家菲利普·库克（Philip Cook）在 1995 年出版的书中所写的那样，在许多劳动力市场中，薪资和能力的关系并不符合这个简单模型。[11]

其中一个最显而易见的例子就是公司高管的市场。在20世纪80年代，美国最大规模公司的首席执行官们的收入是普通工人的42倍，到2001年，差距高达500多倍[12]，然而并没有证据表明首席执行官们的聪明程度和努力工作程度比从前高。造成这类群体收入爆发性增长的原因，与其他大多数高端劳动力市场群体的情况类似，因此对此进行仔细研究很有启发意义。亚当·斯密和达尔文曾提出，为何自由的竞争通常会导致许多令人无法接受的结果，深入观察这些劳动力市场有助于我们思考这个问题。

许多左派评论家认为，高管薪资令人惊愕的增长水平能够证明竞争性市场力量已然崩溃。他们指出，行业巨头们合谋起来驱逐竞争对手，所以能够从俘获的客户手中敲诈出前所未有的高薪资。并且，高管们把自己的同伙安排在董事会里，同伙则回报以高得离谱的薪资和奖金。

可以肯定的是，这样滥发薪资的行为确实存在。但是现在的情况比以往有所好转。沟通便利性的提升和交通成本的降低，使这种情况不再那么严重。高管在雇用管理层成员时确实存在信息不对称，但他们所获得的信息比过去要多，并且声誉成了更加有效的绩效预报器。同样，机构持股人的警觉性越来愈强，敌意收购的威胁越来越大，这都为高管薪资滥发现象增加了额外的限制。

尽管有了上述进步，企业的管理依然存在问题。某些绩效平庸的高管还可以拿到很高的薪水，但绩效不合格的高管被解雇的速度要比以往快得多了。我和菲利普·库克写道，在所有劳动力市场中，顶层薪资飞速增长的原因有二：一是技术力量能将绩效上的一点小进步急剧放大，二是公司对绩效最优的高管的争夺也日趋激烈。[13]

绩效决定薪资是我们所谓的“赢家通吃”市场的第一个前提。而第二个前提则是，少数绩效顶尖的人往往能够获得最多的报酬，天赋和努力程度上相差不大的人之间却依然存在巨大的收入鸿沟。这两个方面都在舍温·罗森（Sherwin Rosen）关于古典音乐市场的描述中得到了体现：

> 如今古典音乐市场空前地大，然而，任何一种乐器的全职独奏家的数量仅为数百人，声乐、小提琴和钢琴之外的独奏家数量更少。在这一小群人中，一流演奏家的数量屈指可数，他们的收入却非常高。第二梯队演奏家的收入与他们的收入存在着天壤之别，哪怕大多数消费者通过“盲听”，很难鉴别出其中的细微差别。[14]

逼真录制和回放技术的发展，使天赋最佳的音乐家们拥有了巨大的影响力。由于我们所欣赏的大部分音乐都是预先录制的，我们能随时随处听到世界第一的女高音。从世界第一女高音的录音母带复制激光唱片与从其他歌手的录音母带复制激光唱片相比，成本毫无差别，数百万的乐迷自然愿意为每张多花几分钱购买顶级音乐家的唱片，而不是去购买与之稍有差距的音乐家的唱片。结果就是，一流的女高音能签下七位数的唱片合约，而其他稍稍逊色的音乐家只能勉强过活。

这个逻辑在大型机构领导者身上也同样适用。2007 年，聘用戴维·斯克尔顿（David J. Skorton）为康纳尔大学第 12 届校长的董事会清楚地知道，校长最主要的职责就是完成学校 40 亿美元的募捐任务，当时募捐才刚刚启动。聘任委员会挑选了几位他们认为可以实现这个目标的人选，他们最终判断，没有人能像斯克尔顿一样出色地完成这个任务。

在了解斯克尔顿过去几年在该职位的表现后，我很轻易地就明白了选择他的理由。斯克尔顿极富幽默感、热情和魅力，在心脏病研究和爵士乐方面具有突出成就，校友们都很爱他。如果他在演讲中所描述的关于学校未来的愿景能够打动校友，比排位第二的候选人多获得 3% 的捐款，募款金额就能增加 1 亿多美元。

我不知道斯克尔顿的薪水是多少。几年前，就有报道称，有几所私立大学的校长年收入已经超过 100 万美元，许多社会评论家对此表示震惊和愤慨。像斯克尔顿这样的领导者凤毛麟角，正因为他们是如此珍贵，真正令人震惊的反而是他们只能获得这个水平的收入。

在许多私人公司，薪酬差异更是大得惊人。假设一个年收入 100 亿美元的公司将首席执行官的人选最终确定为两人。假设其中一人每年有数个决定优于另外一人，让公司的年收入增加 3% 可谓是轻而易举，也就是能够增加 3 亿美元。如果首席执行官这个职位的竞争人选在决策的质量上有优劣之分，那么经由竞争脱颖而出的最优人选的薪水将远远高于次优人选，尽管他们的天赋差异微乎其微。

近几十年来，管理层决策的影响力急剧增强，公司越大越是如此。造成这种现象的其中一个最重要的原因就是信息革命，再加上沟通和交通成本的降低、制造业技术的发展以及其他因素，许多本地和区域市场变成了美国和国际市场。比方说，在俄亥俄州北部表现最出色的轮胎生产厂商，过去至少能在区域市场占有一席之地，而日渐精明的消费者现在只会从世界排名靠前的几家生产厂商中进行选择。公司的表现一贯是由一小部分最优秀的员工决定的，但由于如今市场的边界发生了变化，存活下来的公司的领导者所发挥的作用要比之前的同职位的人大得多。

在竞争性市场中，更大的影响力意味着更高的薪资。2008 年，经济学家泽维尔·加克贝斯（Xavier Gabaix）和奥古斯丁·朗迪耶（Augustin Landier）曾在报纸上撰文写道，高管的工资应该根据公司的市值来定。[15] 他们发现，在他们研究的大型公司的案例中，首席执行官的报酬在 1980 年到 2003 年间增长了 6 倍，大致与公司市值的涨幅相当。

放松管制既提供了新的市场机会，又带来了新的竞争威胁，进一步提升了美国航空业、货车运输业、银行业、经纪业及其他行业的高管的价值。除此之外，衍生证券和金融资本的新注入渠道使外部收购的威胁日益增强。这些变化使优秀绩效能够带来更大的潜在收益，而劣等绩效所带来的损失也会恶化，因此，在关键职位雇用最优秀的人才也就变得尤为重要。基于上述原因，顶级高管的经济价值正在不断增长。

然而，决策影响力的增强并不是美国企业高管薪酬增长的唯一原因。毕竟，美国大规模公司首席执行官们的决策影响力向来很大，但百万年薪不过是最近 20 年才出现的。再者，全球化不仅使美国企业高管的决策影响力增强了，在德国和日本也是如此，近年来这两个国家企业高管的薪资也在上涨，但相对于美国来说涨得还算“节制”。所以，并不是说最优秀的首席执行官能为公司带来数百万的利润，他就一定能获得百万级别的薪资。

在赢家通吃的市场，最优秀的企业高管能获得高额的报酬，他们除了必须创造出非凡的价值外，还得参与有效的竞争。然而，在许多市场领域，种种正式的和非正式的规则限制了此类竞争。

比方说，大多数职业运动联盟会设定限制条约，阻止球队老板从其他球队以高价挖走优秀球员。1976 年，棒球运动的保留条款被成功废除，随后其他类似的条款也相继废除。如今，在大部分职业运动队中，运动员至少赢得了自由选择经纪公司的有限权利。获得这些权利之后，运动员的薪酬都会大幅增加。[16]

与职业运动队老板不同的是，并没有正式的条约规定公司老板不可以竞价挖走优秀人才。但非正式规则似乎发挥着同样的作用。在非正式规则中，从内部提拔人选作为高管曾经一度是通行的惯例。大多数情况下，内部候选人通常只有寥寥几位。

高管的薪资是由公司和内部候选人进行双边谈判决定的。候选人没有别处可去，公司也没有别的人选可以考虑。在这种情况下，公司能够以不到如今薪资水平的 1/10 留住优秀人才。

企业界的反掠夺规则早已不是什么秘密。其中最著名的一个例子就是 IBM 聘请路易斯・郭士纳，郭士纳擅长为企业重整旗鼓，他为雷诺兹－纳贝斯克（RJR Nabisco）公司创造了破纪录的收益，但在计算机行业却毫无经验。在早些年，跨行业聘请人才几乎是一件不可思议的事情。然而，IBM 的赌注赢得了极大的回报。20 世纪 90 年代，郭士纳带领这位举步维艰的“计算机巨人”实现了惊天逆袭。[17]

全新的高管人才“现货”市场极大地影响了高管的薪水，近几十年来，自由代理对职业运动员的影响也是如此。在我和菲利普・库克的一项研究中，通过对美国最大的制造和服务企业中近 800 名首席执行官进行调查，我们发现，在 1970 年到 1992 年期间，从外部聘请高管的比例提高了 50%。[18] 这个趋势有效地打破了原先不成文的将高管绑定在原公司的保留条款。

尽管超过半数的首席执行官仍从内部任命[19]，但游戏规则已然完全改变。在美国，表现最优秀的高管越来越倾向于寻求外部机会。为留住最有价值的资深高管，企业必须开出足够高的薪水才能防止他们跳槽。棒球界取消了保留条款，这成为近年来最优秀球员薪资爆发的先决条件。而流动便利性越来越高也为最优秀高管提供了有利条件。

总而言之，飞涨的高管薪资是竞争瓦解的标志这一说法经不起推敲。但有一个显而易见的例外，那就是在金融服务业，金融机构提供大量竞选资金，收买对自己有利的监管条例，这严重阻止了企业进行有效竞争。[20] 但事实上，近年来大部分飞速增长的薪资得益于市场力量的增强。

当然，赢家通吃并不是什么新鲜事。技术使地球上最优秀人才的能力和活动范围以空前的速度扩展。500 多年前，印刷机帮助少数几位小说家取代了数百万的乡村说书人。后来，电报机的发明使一小部分联合专栏作家取代了大量的当地记者。个人计算机的普及则让一小部分软件开发者替代了数以千计的地方税务会计师。伴随着这些变化的兴起，竞争性劳动力市场将个体在天赋和努力程度上的差异，放大为前所未有的收入差距。天赋和努力程度的差异在某种程度上源自我们无法掌控的偶然因素，最终，如今运气与成功之间的关联，比人类历史上的任何一个时间点都要强。

开明的自由主义者或许不再认为一切税收皆为窃取，转而支持另外一个不再那么极端的观点：人们有权利像对待税前收入那样来对待税后收入，毫厘必争。假若拥有比他人高 1% 的天赋，或多付出 1% 的努力，就能多获得 1% 收益，在这样一个世界里，这种观点似乎讲得通。然而，在我们所生活的世界里，如此微小的差异，常常会导致数百倍或数千倍的收入差距，因此这种说法是站不住脚的。

信念至关重要

意识决定行动。受“这是你们自己的钱”这种认知框架的启发，小布什政府极大地降低了最高收入人群的所得税。为减少由此带来的联邦预算赤字，官员们竭尽所能地削减开销。被削减开支的项目未必是产生价值最少的项目，它们更有可能是最不引人注意，或者最不容易引起选民攻击的项目。

其中一个被小布什政府终止的项目，是美国能源部的一项关于隔离苏联泄露的核材料的工程。[21] 这些核材料存储在质量很差的设备里，并且由经常喝得醉醺醺的、不能按时领到工资的士兵看管。恐怖分子急切地试图获取这些核材料。基于当前的情况，我们并不难想象他们有一天能够得手。

从任何一个收入水平群体的角度来说，削减该项目的开支都不是一个有利的决定。但在当前的决策框架下，诸如此类的决策非常常见。

要想隔离苏联那些保管不当的核材料，需要花钱。如果政府希望促成此事，就得付出代价，也就是说必须征税。我将在后续的章节论证，基于种种原因（但并非为了社会公平），从高收入人群身上征收更多这类政府需要的费用，不仅符合富人的利益，对穷人也是有益的。但只有改变关于税收的思维模式，这才有可能发生。人们的税前收入存在巨大差异的原因也与这种思维模式有关。

主流的思维模式认为，对于用天赋和努力在劳动力市场所换取的全部报酬，人们天然地拥有全部使用的权利。由于收入在某种程度上受到税收所支持的公共投资的影响，这种观点根本站不住脚。越来越多的证据证明，天赋异禀、努力过人的劳动者在劳动力市场所取得的成功，很大程度上取决于偶然因素，这就进一步否认了上述观点。由于心理作用，人们普遍将成功归因于自身的美德，但事实上，是否拥有天赋以及努力工作的品质，很大程度上取决于无法控制的因素。

在 2009—2010 年的斯坦利杯冠军赛季中，马利安·霍萨（Marian Hossa）在芝加哥黑鹰队担任右前锋，当年他获得了 800 万美元的收入。霍萨出生于 1979 年 1 月 12 日，毫无疑问，他为自己在冰球事业上的成功付出了极大的努力。我没有见过他，也不知道他如何看待自己当前的缴税负担。但我们可以轻易猜想，如果他知道自己的生日与冰球事业上的成功存在关联，或许他会对现在的缴税负担少一点反感吧。

THE DARWIN ECONOMY

THE DARWIN ECONOMY

10

伟大的权衡：为何降低高收入者的税率会抑制经济增长

《伊索寓言》里有一个关于一只会产金蛋的鹅的故事：

> 有个男人和他的妻子运气很好，他们拥有一只每天都会产金蛋的鹅。尽管已经足够幸运了，但不久，他们又开始盘算怎么样才能一夜暴富。他们想，这只鹅肯定里里外外都是金子，要是杀掉它，就能马上得到一大笔金子了。可当他们剖开鹅的身体时，却发现这只鹅的体内与普通的鹅并没有任何区别。

这则故事长期以来都是活跃自由主义者的最爱，他们以此来提醒那些倾向于进一步实行累进税政策的人，这样做会使所有人都变得贫困。自称自由主义者的美联储前主席格林斯潘曾发表过类似的观点："任何税收都会拖累经济增长，只不过程度不同而已。"[1]

然而，并不只有自由主义者才有这种想法。这个观点的另一个版本，就是涓滴理论[①]，由于政界各方人士都经常提到，这个理论似乎已经成了板上钉钉的事实。

当然，“所有税收都会拖累经济增长”这种说法不是事实。我在前面已经讲过，如果不征税，政府就不能组织和维持文明社会，保护国家不受侵犯，也无法享受经济快速增长所带来的种种好处。

我在此不展开论述，但如果不进行征税，我们就不可能讨论税收是如何影响经济增长的。我将在第 11 章中重点论述如何对伤害他人的行为进行征税。你将会了解到，此类征税不仅不会拖累经济增长，反而能起到促进作用。

所得税与涓滴理论

那么，所得税呢？自由主义者和保守派人士都确信，在超过某种限度后，过高的所得税绝对会成为经济增长的累赘。比方说，如果税率高达 100%，由政府分配这些收益，使大家的税后收入都一样，那么就没有人愿意再去工作。结果，也就没有收益可以再去分配了。

这种说法几乎没有什么吸引力，因为它并没有说明假若真的提高最高收入人群的税率（现在距离 100% 还有十万八千里），将会出现什么情况。如果涓滴理论要想引起人们的注意，它必须提出诸如此类的主张：在当今

① 涓滴理论是指在经济发展过程中并不给予贫困阶层、弱势群体或贫困地区特别的优待，而是由优先发展起来的群体或地区通过消费、就业等方面惠及贫困阶层或地区，带动其发展和富裕，或认为政府财政津贴可经过大企业再陆续流入小企业和消费者之手，从而更好地促进经济增长的理论。——译者注

工业国家的实际税率基础上，进一步加重最高收入人群的赋税将会阻碍经济增长。

这种说法正确吗？从表面来看似乎有些道理，这是因为人们向来认为，人的行为是由动机引导的。由于加重最高收入人群的赋税会减少努力和承担风险所带来的回报，我们似乎就有理由相信，这将导致人们缩短工作时间、降低他们所承担的风险。

然而，所有的经济学教材还提出，税收收入的减少还将导致另外的反作用。那就是，由于收入降低使人感觉匮乏，它反倒会刺激人们工作更长时间、承担更多风险，来消除这种匮乏感。比方说，一位高收入者所希望维持的生活水平需要每天花费 2 000 美元。如果他现在的税后收入是每小时 250 美元，那么他每天需要工作 8 小时。但如果税率提高，使他的税后收入变为每小时 200 美元，他每天不得不多工作两小时，否则就得变卖他的法拉利跑车。

其他人对于税率提高的反应可能有所不同。由于更高的边际税率降低了额外休假的机会成本（就放弃税后收入而言），有些人可能会选择减少工作时间。至于到底会引发哪些反作用，经济学理论没有给出任何答案，完全没有。

假若经济学理论不能证明涓滴理论的合理性，那么数据能不能予以证明呢？同样，数据并没有为涓滴理论提供更多的支持。有一种观点认为：如果税后收入的降低会导致人们缩短工作时间，那么反之亦然，也就是更高的税后收入会使人们增加工作时间。自 1900 年以来，剔除通货膨胀因素，美国的平均时薪已经增加了不止 5 倍。那么，依照涓滴理论，现在美国人的工作时长应该明显增加了。然而，如今美国人每周的工作时间只相当于 1900 年的一半。

滑滴理论还预测，在实际税后工资更低的国家，每周的工作时长应该更短。然而，数据所证明的事实却完全相反。日本首席执行官们的收入还不及美国首席执行官们的 1/10，并且所面临的边际税率也越来越高，但事实上，他们的工作时间比美国首席执行官更长。

滑滴理论十分强调人的动机，导致许多人据此预测，收入差距的扩大应与经济增长率成正比。因为收入差距的扩大会给人们更多的压力，去追赶收入超过他们的人。在第 4 章中，我们曾讨论过，收入差距确实会对消费模式产生影响。 可是，研究人员在对单个国家一段时间内的数据进行分析后发现，经济增长率与收入差距成负相关。在第二次世界大战后的 30 年里，收入差距处于历史较低水平，然而大多数国家的经济增长水平却极高。相反，到 1973 年，经济增长率只有之前的一半左右，那时大部分国家的收入和财富差距都在稳步扩大。

从跨国数据来看，经济增长与收入差距也成负相关。通过分析世界银行以及经济合作与发展组织针对 65 个工业国家采集的数据，经济学家阿尔贝托·阿尔塞纳（Alberto Alesina）与达尼·罗德里克（Dani Rodrik）发现，经济增长率与收入前 5% 和 20% 人群在国家总体收入中所占的比例成反比。[2] 现实状况一而再，再而三地与滑滴理论的预测正好相反。

给富人减税并不会带来更多工作机会

2001 年，小布什提出了滑滴理论的另一个演化版本；2008 年，美国国会议员约翰·麦凯恩（John McCain）再次提出了相似的观点，他们都为针对最高收入群体的减税提议进行辩护。这个演化理论并没有说明减免税收将会如何影响人们努力工作的程度。他们都提出，由于许多富人都拥有小型企业，这些企业每年提供的新工作岗位超过全美新工作岗位总数的一半，减免税收将会立刻刺激产生更多的工作机会。

乍看之下，这种观点似乎有些道理，事实上他们在提出这种观点的时候也几乎无人反对。然而，如果仔细想想，从经济学的角度这根本讲不通。这与人人皆知的关于商业雇佣的经济学逻辑不吻合。

其实这个观点暗含了一个先决条件，那就是如果企业主有经济能力雇用更多员工，他们一定会那么做。但你是否有经济能力去做某事，与你是否应该去做并无关系。比方说，你能买得起你不喜欢的歌手的唱片，并不意味着你就应该买它。与此类似，企业主能够雇得起更多的员工并不能说明什么问题。问题的关键在于，雇用更多的员工是否能够增加额外的利润。

在每一本入门级经济学教科书中，雇用员工的基本原则都说得非常直白：如果新员工的产出至少能够覆盖自己的薪酬，那么这名员工就应该被雇用，否则就不应该。在满足这个原则的情况下，从经济学的角度来讲，无论企业主多么窘困，雇用新员工都有道理。相反，如果不满足这个准则，哪怕企业主是世界首富，雇用都没有道理可言。企业主个人的税后收入与是否雇用员工无关。

减税提议的拥护者们有时会提出，在新员工开始生产之前，企业主预先需要一定量的资金来覆盖雇用员工和培训的成本。减税可以帮助他们获得这部分资金。话说得没错，但这不符合基本的雇佣原则。

如果企业主利用减税的钱来支付雇佣最初的成本，其实就是自己借钱给自己，以期获得未来的回报。事实上，他们就扮演了为自己服务的银行家的角色。这类借款和外部借款的评测方法是一致的。

如果雇用新员工的最终收益不仅能够支付他们的薪资，还能还上借款和利息，那么银行借款就能通过成本 – 收益测试。内部借款也必须满足同样的标准，即公司的最终收益不仅能够支付他们的薪资，还能还上借款以及企业主没有把这笔钱存进银行所失去的利息。在做雇佣决策时，内部借款的隐性成本跟外部借款的显性成本同样重要。

低税率能够刺激小型企业主雇用更多员工这个观点，与入门级经济学教材所指出的基本原理是完全对立的。小型企业被誉为美国新增工作机会的主要引擎，但这并不能否认一个事实，那就是企业主的个人所得税税率与他们雇用员工的决策无关。

如果张三额外雇用一名水管工，每周可以增加 2 000 美元收入，但只需支付 1 500 美元薪水，那么张三的水管服务公司就有充分的动机雇用他。诚然，减免税收能使张三口袋里的钱更多。但哪怕没有减免税收，张三也能雇用新的水管工。但反过来，如果新的水管工每月带来的收益低于 1 500 美元，无论减税力度多大，张三都不能雇用他。

总的来说，无论是经济学理论还是实证经验，都无法证明涓滴理论的演化版本的合理性。我们没有令人信服的理由来证明，向最高收入群体征收更高的税将阻碍经济发展。而正如之前所说，这种说法常常被提及，却很少被质疑。

为何降低高收入者的税率通常会抑制经济增长

更麻烦的是，我们有足够的理由相信，对最高收入群体实行低税率或许会使经济无法充分利用可用资源。比方说，对最高收入群体实行低税率不能鼓励他们更加努力地工作，却会导致他们选择生产效率更低的工作。

在 2008 年金融危机到来之前，美国最优秀、最聪明的毕业生中希望成为华尔街基金经理的比例一年比一年大。例如，在普林斯顿大学 2007 届的毕业生中，45% 的就业人员选择了金融服务业。统计发现，从许多方面来看，这些工作其实魅力平平。[3] 这些工作的工作时间很长，并且大部分压力极大。还有人抱怨这些工作对智力的要求不高。但大家对这些工作有一个共识，那就是这些工作的待遇极好。最优秀、最聪明的人都在金融服务领域求职，数量前所未有，这是因为这个行业的成功人士都可以赚得盆满钵满。

据机构投资者（Institutional Invester）出品的《阿尔法》杂志（*Alpha*）报道，对冲基金经理詹姆斯·西蒙斯（James Simons）在 2006 年赚了 17 亿美元，另外还有两名经理的收入也超过了 10 亿美元。当年，排名前 25 的对冲基金经理的收入合计超过 140 亿美元。一年后，对冲基金经理约翰·保尔森（John Paulson）获得了约为 40 亿美元的收入。

这些基金经理同样享受着极好的税收优惠待遇，没有人可以一本正经地解释其中的原因。比方说，即便是“附股权益”，也就是指他们在投资组合收益上所获得的 20% 佣金，看起来也像是普通所得，这部分收入是按照 15% 而非 35%（普通所得税的最高标准）的税率来征税的。2007 年，单是这一条款就为保尔森节省了约 800 万美元的税。

美国国会周期性地提出，应以普通所得的税收标准来对附股权益征税。不出所料，金融行业的游说者总是坚持声称，这样的做法无异于杀掉产金蛋的鹅。诚然，他们的客户作为中介所促成的交易具有重大价值。然而，这项立法提议并不会妨碍任何一桩有价值的交易。如果按照普通所得的标准对附股权益进行征税，在促成同样交易的情况下，对冲基金经理的 100 万美元的税后收入将变成 76.5 万美元。真有人认为这会让他放弃这桩交易吗？

经济分析表明，向对冲基金经理征收更高的税，实际上可以缓解基金经理竞争人数过多的浪费现象，从而刺激其他领域生产的发展。这个市场是赢家通吃的典型代表：在竞争中，少数几位赢家是从大量的初始竞争者中选拔出来的。这样的市场通常会因为两个原因而吸引过多的竞争者。

第一个原因在于信息偏差。要想做出理智的决策，在决定是否加入竞争之前，你至少要弄清自己获胜的概率大约有多大。但人们对于自身相关技能的评估往往过于乐观。比方说，超过 90% 的员工认为自己的生产力高于其他同事的平均生产力。大约有同样比例的司机认为，自己的水平高于其他司机的平均水平。这种偏差似乎不会随教育水平的提高而消除。九成以上的大学教授坚信自己的工作比其他同事的更富有成果。[4]

过度自信通常是人们扭曲职业选择的原因之一，因为它会增强人们的动机。除此之外还有第二个原因，那就是最大的赢家总是辉煌耀眼。NBA

明星每周在电视上出现几次，就能挣到 8 位数的薪水，数以千计的失败者却无人关注。同样，获得 10 位数收入的对冲基金经理比那些未能进入最后一关的竞争者要耀眼得多。有一个简单的逻辑，那就是如果人们过高地估计了自己获胜的可能性，许多人会放弃在传统市场薪水很高的职位，而选择进入赢家通吃的市场进行竞争。

公地悲剧

赢家通吃市场的潜在竞争者们也会遇到一个被称为“公地悲剧”的问题，这是一个最初为了解释海洋中的过度捕鱼问题而发明的激励机制。[5] 北大西洋的鳕鱼曾经产量丰富，但由于过度捕捞，数量减少了 95%。导致鳕鱼数量减少的原因与导致过多竞争者进入赢家通吃市场的原因十分类似。

公地悲剧为达尔文提出的“个人利益与集体利益之间通常存在着严重冲突”这一观点提供了生动的例证。我们可以通过一个简单的数值案例来解释这种冲突的本质。假如有 100 个人要在两个职位中做出选择，一是在一家与世隔绝的渔场捕捞鳕鱼，二是去一家工厂工作，两个职位的年薪都是 5 万美元。为方便起见，假设除薪酬外，每个人都认为这两个工作具有同等的吸引力。如果在渔场每年至少能挣到 5 万美元，有人就愿意选择渔场；如若不然，这个人就会选择工厂。

假设最开始的时候，渔场里的鳕鱼很多，第一位入职的捕鱼者每年能挣到 10 万美元。由于这是工厂年薪的两倍，其他人很快就会被吸引到捕鱼业。但由于渔场里的鳕鱼供应数量有限，平均捕鱼量会随着捕鱼者数量的增加而稳步下降。据经济学理论预测，当捕鱼业的年收入降至 5 万美元，即与工厂所支付的年薪相同时，人们就会停止进入捕鱼业。我们假设捕鱼业人数增加到 40 人时就会发生这种情况。

如果每个人的年收入都为 5 万美元，那么 40 人一年的总收入则为 200 万美元，剩下的 60 人选择了工厂，他们一年的总收入是 300 万美元。总的来说，100 位工人一年能赚 500 万美元。但如果这 100 人都选择了工厂，他们会赚一样多的钱！渔场本来是极富潜力的珍贵资源，最终变得完全没有经济价值。问题在于，个人的动机导致太多人涌入捕鱼业，从而使捕鱼业潜在的经济剩余所剩无几。毫无疑问，结果原本可以比这更好：如果只有一人选择捕鱼业，100 人的总收入则会增加 5 万美元，这是因为仅有的一位捕鱼者可以赚 10 万美元，而其他 99 位在工厂工作的人每人可以挣到 5 万美元。

公地悲剧通常是由简单的外部因素引发的。每位潜在的捕鱼者只关注自己预期的捕鱼量所能带来的收益。他们没有理由去考虑，自己进入捕鱼业将会导致原有捕鱼者的收获数量变少。市场趋于平衡时，最后一位进入者捕鱼所能获得的 5 万美元刚好能够补偿他放弃工厂工作而损失的 5 万美元。但由于他的进入减少了其他已从业捕鱼者的捕鱼量，他的进入带来的系统影响实际上是负面的。进入捕鱼业的个人动机过大，过度捕鱼将成为意料之中的结果。

跃跃欲试的投资组合经理面临的动机与之类似。正如海里的鱼儿数量是有限的一样，在特定的时间点要达成的交易数量也是有限的。在超过一个平衡点后，基金经理人数的增加与投资管理带来的总佣金金额的增加不再成比例。如果有人在对冲基金行业幸运地获得一个职位，他所能获得的收益，将很大程度上被竞争对手未能获得这个职位而导致的损失抵消。因此，在这个案例中，个人的动机将会导致人满为患的浪费现象。[6]

然而，不只有金融领域会出现吸引过多竞争者的情况。这是一种几乎所有赢家通吃市场都具备的特征。并且，其实几乎所有能够提供社会最高收入的市场都是赢家通吃市场。通常每个行业都有几个重量级的职位，比方说获得格莱美奖的歌手、全明星棒球游击手、畅销书作家、500强企业的首席执行官、主流网站的新闻主播、获得奥斯卡奖的演员、流行广播脱口秀主持人、一线原告律师等。由于这些职位的收入非常高，竞争不可避免地也就非常激烈。通常会有数以百计，甚至数以千计聪明能干而又野心勃勃的候选人加入竞争之列。

我们再回到之前的话题，在赢家通吃市场，潜在的竞争者往往会高估自己获胜的概率，同时还会忽略一个事实，那就是他们加入竞争后，原有竞争者的胜算又会降低几分。由于这两个原因，此类劳动力市场会吸引过多的竞争者。

在公地悲剧的捕鱼业案例中，如果就业人员从捕鱼业向工厂转移，总体的收入将会上升。同样，如果天赋最低的竞争者能够放弃华尔街或其他赢家通吃市场的竞争，而选择更加传统的职业路径，仍有足够多有天赋的竞争者参与超级明星职位的竞争。因此，如果有一半参与对冲基金和私募股权基金职位竞争的人明天就离开金融行业，这些岗位仍然不缺极其优秀的候选人。这样就会产生更多更优秀的工程师、医学研究员、教师和家庭医生，由此带来的收益将超过赢家通吃市场竞争者变少所带来的损失。如果赢家通吃市场的税后收入降低，为这些职位而竞争的人数就会变少。因此，可以通过提高最高收入群体的税率来实现我们想要的就业转移。

在谈及取消对冲基金和私募基金经理的税收优惠时，一位来自哥伦比亚商学院的金融学教授提出了反对："私募股权是经济中非常重要的一个部分。"他还补充说提高税率会阻碍这个领域的发展。[7] 其他人则认为此类提议是嫉妒阶级的福利。

然而，以上结论都遗漏了一个最重要的要点。没有人会否认，能干的人可以让资本发挥出最大的作用，这对于社会来说是非常重要的。但能够带来收益的交易的数量不会无限扩张。在达到一定程度后，向这些岗位输送更多优秀毕业生的机会成本将会很高，但增加的经济效益却微乎其微。不出意料，几乎所有涌入金融服务业的哈佛、普林斯顿和耶鲁大学的毕业生都极其聪明、勤奋。如果他们在其他行业有所追求，有的人可能已经发现了治疗绝症的有效疗法，也有人可能已经开发出更加高效的太阳能板。但是，他们却为复杂的金融衍生品卖力，将国家推入了自大萧条以来最严重的经济衰退期。

总而言之，让赢家通吃市场的税后收入稍微看起来不再那么惊人，可以提高其他职业路径的吸引力，而在这些领域，更多的人才能够产出实际的成果。 由此产生的税收能够为许多确实需要付诸行动的事情买单。在一个经济体中，如果赢家通吃市场的重要性越来越强，关于公平与效率权衡的传统观点将会被颠覆。在当前环境下，向最高收入群体征收更高的税，其实可以立即达成上述一系列目标。

即便如此，我仍认为向最高收入群体征收更高的税是个糟糕的主意。我曾在第 5 章解释过，对家庭的总消费开支施行更强有力的累进税，比当前的税收系统有效得多。我反对所得税的理由与自由主义者和其他反税战士的理由有很大差别，他们的口号使我们无法就"如何改革功能严重不良的征税系统"进行理智的讨论。

讨论须集中在几个基本的、超越具体税收细节的问题上。比如说，如何设计产权的归属？私人物品与公共物品之间的最佳平衡点在哪儿？什么样的机制能够最好地促进平衡？我们应该如何为公共设施买单？我们对社会最贫困成员应该承担什么责任（如果有的话）？什么样的体系能够最好地促进环境的可持续性？等等。

愚蠢的口号竞争

进行一场关于税收政策的开明对话能使政界左右两派都受益。它能为各种收入水平的群众带来好处。然而，反税和反政府的口号却到处阻碍对话的发生。几乎不出意外，这些口号明显违背了人类行为的理论和实证经验。然而，人们却继续喊着这些口号而不觉得尴尬。事实上，其中的许多口号甚至被经验丰富、表面中立的评论家充满敬意地重复着。只有当这些口号能够激起广泛的、应得的蔑视时，真正的改革才有可能发生。因此，在奋力向前之前，现在就是一个审视这些口号不当之处的恰当时机。

如果要选出一个最愚蠢的反税口号，我会投票给"一切税收皆为窃取"。这个口号表面上是说，爱管闲事的政府官员不应该拥有没收经济资源的权力，那是人们凭借自己的天赋和努力创造出来的。但在一个缺乏完善的、强制的产权系统，以及高度发达的专业化市场所需的公共基础设施的国家，是没有什么经济价值可以没收的。除非政府有权强制征税，否则这一切都将不存在。没有一个有见识的公民会真正选择在政府缺乏这种权力的社会中生活，他们的担心不仅限于此，这样的社会很快会被拥有强制征税制度的邻国武力征服。

位居第二的愚蠢口号则是这样的："向部分人征收更高的税是不公平的。"这个口号有几个失败之处。所有的社会都会因为拥有道路、桥梁、警察、消防、国防以及其他公共设施和服务而受益。但没有一个社会可以在不增加税收的情况下，有能力承担这些设施和服务的支出。同私人物品的情况一样，更高的收入通常会催生出对于更多、更好的公共设施的需求。但如果社会不对部分人征收相对更高的税，社会所能提供的公共设施在数量和质量上只能满足最贫困人群的需求。我再次重申，一个有见识的人不会愿意生活在这样的社会。

一个认为累进税不公平的口号则基于一种奇怪的公平理论。在自由主义者的理想世界里，人们可以按照自己的意愿，自由地与他人组建社会，并且只受全体一致认可的规则约束。在这样一个世界里，如果有人希望组建一个自己位于高层级的社会，他们就得说服他人接受低层级的位置。并且，如果高层级位置的隐形市场同竞争性劳动力市场一样，自愿组成的社会中的高层级位置将具有很高的市场价值。由于此类位置的价值很高，它的存在还基于一个条件，那就是为了高层级位置的存在，必须设立低层级位置，其他人必须承担相关的成本。因此，把累进税说成一种公平的税收反倒符合逻辑。然而，反税战士们却坚持认为，人们有权利自由地获得高层级位置而无须付出代价，他们给出的理由很简单：交易成本的存在，使得组建一个自愿性社会在现实中行不通。如果按照惯常的理解，这种观点实际上是在藐视公平。

还有一个很有影响力的反税口号是："市场上的成功依赖于天赋和努力，而不是运气。"这句口号会鼓励人们为了成功而更努力奋斗，从这个角度来说，它确实是有益的。但它也有弊病。数百万勤奋而又有天分的人从未获得过成功。对现代劳动力市场的功能了解越深，我们就能越清楚地看到，其实是偶然事件在起决定性作用。甚至个人的天赋和努力工作的能力都在很大程度上取决于基因和环境因素，因此理智的人都不愿意将成功归结于美德。这些口号故意忽视运气所起的作用，这会增强人们的一种信念，那就是他们拥有一种道德权利，可以百分之百地拥有自己的税前收入。这种信念毫无疑问是有害的。

然而，在所有反税口号中，没有任何一个口号能比本章议题所带来的伤害更大："向富人征税无异于杀死产金蛋的鹅。"尽管没有经济证据或实证的支持，我们仍然可以说这句话明显不如"一切征税皆为窃取"荒谬。但由于种种原因，相信前一句话的人更广泛，因而给公众带来的恶性影响也就更大。比方说，它是小布什针对最富有家庭实行减税政策的基础，致使布什在任期间，国家的债务翻了一倍。在第 4 章中我们也看到，此类减税会使消费模式朝着不利的方向发展。

在我人生中，每一任当选的美国总统在竞选时都承诺减少政府的浪费性开支。其中有几位总统朝着这个目标取得了真正的进展。然而，在他们中的每一位在任期间，政府的总体开支持续增加。当然，我们应该坚持更大程度地减少浪费。但我们所面临的未来的大量开支是不可任意改变的，因此我们的期望不太现实。

比方说，随着在生育高峰期出生的那一代人进入退休年纪，在我们可预见的未来，美国民众所面临的社会保险和工资税之间的鸿沟也越来越大。医疗保险计划的收入已经严重不足，并且其严重程度的加剧会比社会保险更快，这是因为在医疗方面的支出不可避免地会增加。经验证明，这些福利计划在政治上是神圣不可侵犯的。

另外还有一些额外的公共开支也非常引人注目。比如说，美国的交通基础设施已经被忽视了数十年。到某个时刻，政府真的不得不修补道路和桥梁。美国还没有高铁系统，但许多发达程度不如美国的国家都已经开始建设高铁。[8]随着能源价格的不断飞涨，智能能源网对于公共投资来说越来越具有吸引力。[9]许多地区甚至仍缺乏基本的公共交通系统。政府还需要隔离苏联泄露的核材料。他们应该撤回之前针对科学研究的资金削减，因为这是竞争优势的重要来源之一。种种需求不胜枚举。

美国政府或许可以为处于边缘领域的重大福利计划找到借口，从而削减各种经费，节省一些钱。但只有傻瓜才会假装相信，哪怕没有重大的额外收入，我们在未来需要做的事情都能做到。尽管我认为，提高最高边际收益的所得税税率是个糟糕的主意，但我们必须准备好一些向社会上最富有人群征税的办法。正如威利·萨顿（Willie Sutton）在被问道为何抢劫银行时回答的那样，因为钱在那儿。如果政府不向富人征税，人们就不可能获得所需的收入。但有一个好消息，那就是我们将会在后面的章节看到，政府可以向最高收入群体征收某些税而不损害他们的利益。

THE DARWIN ECONOMY

THE DARWIN ECONOMY

11

对自由竞争的规制：对有害行为征税

对有害行为进行征税，不仅能够产生收益，而且还能遏制这种行为。这一简单的观察结果简直令人欢欣鼓舞，因为美国急切地需要更多税收，并且美国的经济正遭受一系列有害行为的损害。对这些行为征税可以达到一石二鸟的效果，一来可以帮助政府实现预算平衡，二来可以遏制那些弊大于利的行为。

庇古税

在讨论具体案例之前，我最好先解释清楚“对于有害行为，税收比直接监管更有效”背后的逻辑。这个观点是由英国经济学家庇古首先提出来的，因此对有害行为征税被称为庇古税。[1] 设想有两家公司，一家是清洁型，一家是污染型，整个硅谷地区仅有它们两家排放二氧化硫污染气体。它们中的任何一家都拥有三种生产技术。使用不同技术的区别仅仅在于生产成本不同和二氧化硫的排放量不同。生产成本与相应的二氧化硫排放量请见表 11-1。请观察表格中不同变量的模型，它们揭示了对付有害行为的不同模式之间一些重要的普遍属性。

表 11-1　不同生产模式对应的生产成本及二氧化硫排放量

	最清洁模式（0 吨 SO_2/ 天）	中等清洁模式（3 吨 SO_2/ 天）	污染最重模式（6 吨 SO_2/ 天）
清洁型公司生产成本	\$100/ 天	\$40/ 天	\$10/ 天
污染型公司生产成本	\$4 500/ 天	\$1 500/ 天	\$500/ 天

首先请注意，从左往右看，你会发现，最清洁的模式成本都是最高的。原因很简单：过滤器的质量越好，成本越高。可以看到，成本的增加可以消除一部分污染，消除得越多，成本越高。这是因为，理性的经济活动者通常会首先选择最划算的方式，其次才是第二划算的。比方说，清洁型公司如果每天要减少 3 吨的排放量，成本仅为 30 美元（也就是污染最重模式与中等清洁模式的成本之差），但如果要继续减少 3 吨，成本则需要每天 60 美元（最清洁模式与中等清洁模式成本之差）。

成本变量还揭示了一个重要的模式，不同企业消除污染的成本是不一样的。请注意，第一次减少 3 吨二氧化硫的排放，污染型公司需要每天花费 1 000 美元，再减少剩余的 3 吨排放量，则需要每天花费 3 000 美元，而清洁型公司的花费则少得多。

我们可以合理假设，受二氧化硫所害的人群不太可能直接去找污染者协商。在经济学的标准假设中，企业追求自身利益的最大化，也就意味着他们将会在法律允许范围内选择最低廉的生产方式。如果缺乏监管，那么这两家公司都会选择最低廉模式，也就是污染最重的模式，从而导致二氧化硫的日排放量达到 12 吨，也就是每家 6 吨。

消除污染并不是最优的结果

对于该地区来说，二氧化硫排放量达到何种水平是最理想的呢？许多非经济学专业人士会脱口而出：零。然而，在弄清二氧化硫排放的成本前，我们无法给出正确的答案。毕竟，减少排放也需要成本，如果二氧化硫带来的危害足够低，最好的结果就是容忍它的存在。但是，为了使讨论更富趣味性，我们不妨假设，每吨二氧化硫造成的损失是每天 40 美元不变。如果企业采取污染最重的模式，总损失将达到每天 480 美元。

清洁型公司为减少二氧化硫排放量所付出的成本远远低于污染型公司。减少总排放量最低成本的做法是，首先让清洁型公司从污染最重模式转为中等清洁模式。该举措增加的生产成本仅为每天 30 美元，如果排放二氧化硫，造成的损失将会是 120 美元，所以很明显，这么做是值得的。要想进一步减少排放，最划算的第二步做法是让清洁型公司从中等清洁模式转为最清洁模式，这样可以每天再减少 3 吨排放量，而增加的成本为每天 60 美元。由于再次避免了 120 美元的损失，这一步也是值得的。至此，清洁型公司已经完成了它所能做的全部任务。

如果我们还希望进一步减少排放所带来的损害，接下来就应该让污染型公司从污染最重模式转为中等清洁模式。然而，这一举措需要每天花费 1 000 美元，远远超出了排放将导致的 120 美元损失。在这个例子中，污染型公司消除有害事物的成本太高了，因此它不可能为减少有害气体的排放做贡献。我们只能接受每天 6 吨二氧化硫的排放量，别无他法。

许多人很难接受，存在一定程度的污染排放量才是最优的结果。但事实上，排放量减少到一定程度后，减排成本反而会比排放本身所带来的损失要高。如果有人坚持认为，在任何环境中，任何污染物的最优排放量是零，那么你可以问问他，为何不立即用吸尘器吸一遍他的卧室。打扫之后每过一分钟，积累的灰尘都在增加。如果他坚信灰尘最好是零存在，那么他应该持续不断地吸尘，或者雇一个人帮他这么做。

这样做很傻。吸尘会占用宝贵的时间，但其实一丁点灰尘不会带来什么伤害。这个逻辑同样也适用于其他环境的其他污染物，也就是零排放量不一定是最好的结果。最优的减排方案，是首先采用成本最低的减排方法，然后进一步减排，直到所降低的损害不足以抵消所花费的成本。

这个简单的案例说明，政府指挥与控制式的监管不够有效。美国过去对于污染物的监管方法是，要求所有排污方在一个基准年里，按照同样的比例降低排放量。比方说，如果监管者希望减少一半的二氧化硫排放量，他们就得要求清洁型公司和污染型公司都从污染最重模式调整为中等清洁模式。这样就能实现既定的减排目标，但总共增加的经营成本高达每天 1 030 美元：其中污染型公司增加 1 000 美元，清洁型公司增加 30 美元。而清洁型公司从污染最重模式转变为最清洁模式，减排效果一样，但只需花费 90 美元，比现在的总成本低 940 美元。

要求所有排污方按照同等比例减排是一种浪费行为，因为这完全没有考虑到有些排污方的减排成本要比其他排污方低得多。监管者只需指导清洁型公司转变为最清洁模式，便可有效实现目标。总的来说，监管者对于不同企业能够采取哪些不同的减排手段缺乏足够细致的了解，期望他们能够细致地管理到这种程度也是不现实的。

为何征税手段能够实现最低的减排成本

监管方可以确保以成本最低廉的方式实现减排目标。在上述案例中，假设监管方对每吨二氧化硫的排放征收 40 美元的税。清洁型公司的反应将是从污染最重模式调整为最清洁模式，因为这样每天只花 90 美元就能避免 240 美元的征税。而污染型公司，将继续采用污染最重模式，因为转为最清洁模式所节省的税收，相对于它所要花费的生产成本来说，简直是九牛一毛。

为此，清洁型公司将竭力减排，这样做的效益很高，因为它的减排成本远远低于污染型公司。但由于清洁型公司不再排放二氧化硫，它就不用缴纳排污税。利用税收手段调节减排，不仅有效，而且十分公平。

相对于不对排污采取任何措施来说，税收手段将提升全社会的整体经济福利。征税唯一产生的成本是清洁型公司转变为最清洁模式所需的每天额外 90 美元的花费。由于降低污染量可以避免每天 240 美元的损失，全社会的净利润为每天 150 美元。污染型公司每天缴税 240 美元，从公司角度来说是一种成本，但对于整个社会来说却不是，因为有了这份税收，就可以从其他渠道减少同等额度的税收。

要想弄清税收手段的效力体现在何处，关键要意识到二氧化硫排放所带来的危害取决于它们在大气中的总浓度，而不在于排放者是谁。社会的利益在于降低减排的总成本，而非规定指定的排放者减少指定的排放量。税收手段通过激励排污企业以最低的成本采取最大限度的减排措施，从而实现了成本最低化。

这个假设案例表现出的乐观一面在现实中得到了验证：1990 年，美国国会将二氧化硫的排放许可证纳入《清洁空气法案》（*Clean Air Act*）的修正案中。二氧化硫是导致酸雨形成的重要原因，20 世纪七八十年代，在美国东北部，二氧化硫问题导致的损失越来越大。新法令规定，企业需要按吨申请排放许可。随着许可证颁发量的减少，总的二氧化硫排放量也在逐渐降低。

由于企业可以通过芝加哥交易所的拍卖活动对许可证进行买卖，许可证的功能就相当于对二氧化硫的排放进行征税。要想排放额外的数量，许可证的拥有者需要放弃售卖许可证所能带来的收益，因此，使用许可证的机会成本从本质上来说就是一种潜在的征税。

这个项目获得了极大成功，人们提前完成减排任务，并且所花费的成本低于监管与控制的成本。[2] 过去媒体经常发表的有关酸雨问题的文章，现在也完全不见了影踪。

征税的目标

在环保运动的初始阶段，经济学家们就积极倡议采用许可证或税收手段来减少污染，然而，左派环保团体和部分评论家对此持反对态度。据报道，一位环保主义者曾经问道："接下来，洛杉矶警察局是不是准备从威斯康星州购买公民权利的交易证呢？" [3] 诸如"经济学家希望有钱的企业可以随心所欲地污染环境"等批评比比皆是。

这种言论其实违背了企业行为背后的简单目的。企业不污染环境是因为它们能够从中获益，企业污染环境是因为减轻污染需要付出成本。尽管将经济学家的提议变成法律需要数十年时间，环保团体现在已经成了税收手段最积极的拥护群体之一。例如，环保组织塞拉俱乐部劝说俱乐部的支持者们购买二氧化硫的排放许可证，然后将许可证撕碎，从而使排放量更低于监管目标。

自由主义者或其他自由市场保守派反对征收二氧化硫排放税的理由是什么呢？目前，我们可以先假设运用经济学家科斯提出的框架是正确的思路（见第 6 章）。部分自由主义者可能不会同意，但正如我在后面章节解释的那样，他们很难驳倒这个观点。许多自由市场的热衷者非常乐于接受科斯的框架，因为他们相信，这有利于最大限度地减少政府的监管足迹。这种想法是基于科斯的论断：如果受有害活动影响的各方之间进行谈判是切实可行的，那么他们就会有强烈的动机自行达成有效的解决方案。

那样很好。但科斯充分意识到，由于存在交易成本，人们相互之间通常无法进行磋商。此时，有效的解决方案可能来自政府的干预。科斯认为，如果无法进行私下磋商，政府应该实行制度安排，以便指导各当事方在条件允许的情况下自行磋商。

由于二氧化硫的排污方有数百家，数百万人受此影响，私下协商解决方案绝对是不现实的。为此，科斯的框架提出，法律应该将减排的重担分给那些完成成本最低的参与方。

消费者对于此类问题无法提出具有吸引力的建议。相反，排污者则可以有很多方法，例如，在烟囱上安装净化器，或者使用低硫煤炭。科斯的框架认为，对于酸雨的最好补救措施，是用一种能够激励生产者减少二氧化硫排放的方法来确定产权。征收二氧化硫的排放税，或者实行许可证管理，这是能够解决问题的最有效的办法。这些办法对企业的干扰也最小。

这种税收不是窃取。的确，它会导致排放二氧化硫的厂家提高产品价格，但提高的价格反映的是排污方对他人造成的伤害的经济价值。任何会产生恶劣副作用的产品的价格，都反映出伤害所对应的经济价值，正如价格能够反映出劳动力和原材料的成本一样。税收能够阻止二氧化硫造成经济损失，这部分的经济价值高于增加的产品成本，这就使整体的经济产出价值更大，而不是相反。公民不是征税的受害人，而是受益人。

支持二氧化硫排放税的立法者不会坦白，位于华盛顿的官僚并不比你更清楚应该如何明智地花你的钱。相反，他们明白一个道理：如果宝贵资源是免费的，例如我们所呼吸的空气，那么人们使用它的效率就会很低。实际上，这种征税使你能够购买更多你所珍视的东西。

如果自由主义者反对征税的花言巧语阻碍了这种税收的实施，结果就会像拉尔夫·纳德发起的航空消费者行动计划一样，在发生超员预定的情况时，航空公司不再为让出座位的志愿者提供补偿。我曾在第 7 章讨论过，使用价格系统来调配稀缺资源能够促使“经济蛋糕”做大，无论这种资源是超员预售的飞机上的座席，还是对二氧化硫容纳有限的空气。

如果为了保证二氧化硫排放税能够成功通过立法，需要进行支付转移，自由主义者同样没有理由反对。使用价格系统来调配稀缺资源能够促使“经济蛋糕”做大，但这并不能保证每个人分到的那块“蛋糕”就会自然而然地比之前大。例如，污染型公司服务的大多数客户可能收入很低，公司缴纳二氧化硫排放税会使产品价格上涨而令他们难以承受。或许可以通过提供补给食品等方式，加强他们的社会保障体系，从而使得他们不再反对上述征税。重点在于，政策变化使“经济蛋糕”变大之后，从中获益的人就有可能对那些遭受损失的人进行补偿。我在第7章曾提出，由于缺乏这样的补偿机制，许多政策无法实施，无论是对富人还是对穷人来说，这都是一种损失。

气候变化与二氧化碳税

二氧化硫排放税的原理也基本适用于对二氧化碳排放进行征税的案例。二氧化碳在大气中的浓度越来越高，它被认为是导致全球变暖的罪魁祸首。二氧化碳排放税的反对者强调，关于气候变化预报的不确定性极高，因此他们反对采取行动。然而，不确定性是一把双刃剑。气候研究专家本身也承认，根据他们提出的模型所得出的预计结果不确定性极高。但这也说明，尽管实际后果可能比预测的中等情况乐观，但也意味着有可能更糟糕。

2009年哥本哈根全球气候大会的组织者提出，希望到21世纪末，将全球变暖的温度控制在3.6华氏度以内。但即便上升的度数极少，也会导致致命的损失，并且根据最受认可的气候变化模型预测，如果听之任之，平均温度的上升值小于目标值的可能性几乎不存在。

根据麻省理工学院开发的地球综合系统模型的最新预测，到21世纪末，如不进行有效干预，上升温度的中位数将为9华氏度。[4] 该模型还预计，上升温度超过12华氏度的可能性为10%。如果达到这种程度，永久冻土将会融化，并释放大量甲烷进入大气。而甲烷造成温室效应的力度是二氧化碳的50多倍。因此，根据麻省理工学院模型的预测结果，全球变暖而导致地球上大部分生物灭绝的可能性为10%。

确实，气候模型的预测具有极大的不确定性。事情可能不像预计的那么糟糕，但也有可能更糟。我们应该采取行动吗？在回答这个问题之前，我们必须问一问，采取行动需要付出多大的代价？而答案令人震惊：几乎为零。

联合国政府间气候变化专门委员会预计，到 2030 年，须对每吨碳排放征收 80 美元的税，才能在 2100 年前一直维持气候稳定。[5] 如此高额的税费将导致每加仑（约 3.79 升）汽油的价格上涨 70 美分。然而，在预估出这些数值之前，他们还不知道麻省理工学院的悲观模型。为稳妥起见，我们假设税费为每吨 300 美元。此时，货物价格的上涨与碳排放量成正比，拿汽油来说，每加仑汽油的价格将上涨 2.6 美元左右。

油价突然之间如此大幅度上涨会带来许多痛苦，在 2008 年美国人曾经历过。但如果逐步进行，它带来的伤害就会小得多。比方说，面对不断上涨的燃油价格，制造商就会争先恐后开发出更高效率的汽车。现在，欧洲民众比美国民众为每加仑汽油多付 4 美元。但正是因此，世界上许多燃油效率最高的汽车都出自欧洲的汽车制造商之手。实际上，欧洲民众在汽油上的花费低于美国民众，但享受到的乐趣一点儿也不比他们少。

如果一个家庭卖掉福特野马（约 6.33 公里 / 升）而购入福特福克斯（约 13.5 公里 / 升），在行驶同样里程的情况下，消耗的油量反倒少了。征税制度可以慢慢引入，要给人们一些时间来适应。比方说，人们可以搬到离工作地点更近的住处，选择拼车，选择距离更近的度假地点，等等。税收可以用于支持低收入家庭，从而减轻汽油涨价给他们带来的负担。政府还可以用一部分税收来减轻负债、重建损坏的基础设施，或者减轻其他赋税。

2009 年，美国众议院曾通过一项能源法案，法案里包含了关于碳排放限额与交易综合系统的内容，其功能相当于征收碳排放税。尽管许多共和党立法者长期以来倡议总量管制与排放交易立法，希望以此作为减轻环境外部因素问题的框架，但自由主义者和共和党中的茶党却坚定地反对类似的政策，并谴责此类政策为社会工程。

当然，这就是社会工程！征税的原因在于，当前二氧化碳的排放实际上是免费的，而人们排放得太多，几乎对每个人都造成了威胁。然而，如今没有任何一个共和党国会候选人对二氧化碳的总量管制与排放交易表示支持。共和党在参议院获得了足够多的选票，甚至能够通过阻止支持性的选票进入参议院，从而阻止能源立法。

且不说这样做的赌注过高，他们用以论证自己立场的逻辑也十分滑稽。来自俄克拉何马州的共和党参议员詹姆斯·英霍夫（James Inhofe）曾声称："全球变暖是人为因素导致的，这一说法其实是错的，这么说根本没有任何科学基础。"这个声明是荒谬而错误的。只有一小部分研究气候的科学家会假装同意这种说法，实际上这部分科学家大多获得了能源行业的资金支持。大部分气候科学家相信，不受限制的温室气体排放将导致地球平均表面温度持续上升。唯一不确定的是，到底会上升多少。灾难性气候变化的风险可以通过一项税收政策轻易地消除。然而，反对税收的狂热者却时刻准备着不让这样的结果出现。活跃的自由主义者人数不多，但他们的主张所造成的破坏程度却很严重。

拥堵费

对其他伤害他人的活动进行征税，上述逻辑也完全适用。假如你进入一条拥挤的道路，阻碍了他人的前进，那你对他人就造成了伤害。自由主义者和其他自由市场保守主义者没有理由反对征收拥堵税，从 2003 年 2 月起，工作日进入伦敦市中心的车辆每天都要缴纳 14 美元。这项费用所产生的直接结果就是，交通量下降了 1/3，部分公共汽车的行程时间减少了一半，二氧化碳的排放量减少了 20%，并且城市雾霾的主要成分，也就是微粒和氮氧化物的排放量也得到了显著抑制。[6]

正如之前讨论二氧化碳排放税时论述的那样，缴纳这项费用并继续开车进入伦敦市中心的人所付出的成本是最高的，其他人则会将自己的行程调整到非高峰时间段，或者选择乘坐公共交通。拥堵程度的降低和排放物的减少所带来的总价值，远远高于人们做出改变所带来的损失。此外，征收这些费用后，政府从其他方面征税的需求就会减少。如果说我们必须征税，那么对有害行为进行征税比起对有益行为进行征税则更有利。

2007 年，纽约市市长迈克尔·布隆伯格（Michael Bloomberg）提出征收类似的拥堵费，对工作日驶入曼哈顿南部 86 号大街的汽车收费。早 6 点到晚 6 点期间驶入的小汽车须缴纳每天 8 美元的费用，商用卡车缴纳 21 美元。相对于伦敦的收费计划，尽管市长的提议能够产生净收益，但批评者马上提出这对穷人不公平。例如，纽约市专栏作家刘易斯·菲德勒（Lewis A. Fidler）说道："这将城市分裂为富人的城市和穷人的城市，并且费用单其实是在宣称能够支付得起的人可以进来，支付不起的人滚蛋。"[7]

尽管市长的提议获得了纽约市议会的预批准，反对者还是说服了纽约州首府奥尔巴尼的立法者对提议进行阻挠。其实，批评者的顾虑很容易消除。首先，由于过桥费和停车费很高，穷人很少会开车到曼哈顿上班。大部分人原本选择的就是公共交通。但是，低收入者偶尔也需要开车进城，比方说带孩子或老人看医生，或者办其他杂事。如果布隆伯格市长受到右派的阻挠少一点，他或许愿意完善他的提议，比方说，对在城中工作的低收入者实行每年 10 次免征政策。大部分的免征资格可能最终会被拿到克雷格列表网①出售，售卖所得的收益很有可能会让人们放弃反对的立场。

然而，这样的补充方案会导致活跃自由主义者和其他自由市场保守主义者的抗议。“政府无权对我征税，然后还用我的钱补贴穷人！”此类口号的效果十分惊人。但是，它们确实阻碍了那些可以为每个人带来更好生活政策的实施。

按照汽车重量征税

穆勒的伤害原则还提出，按照汽车重量进行征税并立法。多年来，美国人购买 SUV（运动型多功能车）的数量稳步上升，因为很多人认为，这种汽车比小轿车更安全。事实却并非这么简单。假设在其他条件相同的情况下，如果两辆汽车的车头发生碰撞，重量更大的汽车所受伤害较小。比方说，一辆 3 266 千克的福特远足与一辆 1 134 千克的本田思域车头相撞，你肯定希望自己乘坐的是福特。但由于 SUV 的重量更大、重心更高，大型 SUV 通常更难操控，从而更难避免发生碰撞，并且在进行避险操作时更容易翻车。总的来说，普通 SUV 的安全性比不上普通轿车。[8]

然而，就汽车对他人造成的风险而言，毫无疑问，SUV 是绝对的赢家。车辆越重，越容易导致其他车辆的乘客死亡或严重受伤。

---

① 一个大型免费分类广告网站。——译者注

正如二氧化硫的案例那样，人们也不可能对这种特定的外部效应进行私下协商而获得解决方案。如果政府的挑战在于界定产权，以便获得最接近于人们有条件进行自行协商时所能达成的结果，最简单的方案莫过于按照汽车重量进行征税。此类征税能够让车主在做出购车决定时考虑到为他人带来的风险。而在当前的情况下，他们没有任何动力来考虑这些风险。如此征税还有一个优势，那就是可以降低其他有益活动的税率。我不知道还会有谁有理由坚持说，按照汽车重量进行征税会剥夺汽车车主应有的权利。

烟草税

烟草税也有助于减少伤害，并且有着同样诱人的优势。毋庸置疑，吸烟对于吸烟者本身是有害的，也有确凿证据证明，二手烟也会对他人造成重大伤害。事实上，大部分吸烟者都宁愿自己没有养成吸烟的习惯。一个人是否会养成吸烟的习惯，其实可以通过一个可靠的指标来预测，那就是他朋友吸烟的比例。烟草公司的游说者试图以此为证据，来证明征收更高的烟草税并不会降低吸烟率。

一位烟瘾严重的成年吸烟者确实很可能不会因为烟草税提高而戒烟。但是，很多人是在青少年阶段养成吸烟习惯的。由于青少年的可支配收入十分有限，烟草税对于他们是否吸烟的影响就大得多了。

更重要的是，同伴效应会对双方都起作用。如果烟草税阻止了青少年吸烟，他们同龄群体吸烟的比例就会降低。这会进一步防止其他人吸烟，这种效果可以不断传递。已有研究发现，吸烟者在烟草税提高的时候更快乐。[9] 大部分吸烟者都有戒烟的意愿，他们似乎明白，在吸烟者更少、香烟价格更高的环境下，他们的目标更容易实现。提高烟草税有利于创造这样的环境。

吸烟者对他人的伤害，不仅仅在于将他人暴露在二手烟的环境中，还在于使他人更容易染上吸烟的习惯。假若没有烟草税，世界上吸烟的人数就会增加。如果你的孩子在这样一个世界长大，他们变成吸烟者的可能性会更大，患肺癌的可能性也就更大。他们更有可能患上肺气肿以及心脏方面的疾病。他们死于房屋火灾的概率也会更高。父母们为什么会希望自己的孩子在这样的世界里成长，而不愿意让烟草税减少这些可能性，并且让有益的活动得到税收减免呢？

酒精税

关于酒精税的争论更为复杂。与吸烟者不同的是，大部分酒精饮料的消费者没有明显的后悔的迹象。大部分饮酒者也不太可能对不饮酒的人造成伤害。在美国，由于饮酒造成的伤害，大部分是由占据了 40% 酒精消费量的 5% 饮酒者引起的。[10] 这部分人伤害他人的方式是各式各样的。他们会忽视、虐待家人，他们会因为酒后驾驶而伤害或害死别人，他们会对别人进行肢体攻击，等等。

反对提高酒精税的人往往会提出这样的理由：长期酗酒的人不会为此改变太多。但已有证据却给出了相反的结论。诚然，许多饮酒者会继续大量饮酒，并且他们的饮酒程度给他们的事业和婚姻带来了极大的伤害。所以，他们不会仅仅因为提高酒精税之后，酒的价格提高而减少饮酒量。但正如经济学家长期以来所强调的那样，选择的核心在于物品稀缺与否。

如果一样消费品在总体消费中所占的比例很小，那么大家通常不会在意它价格的提高。打个比方，如果食盐的价格翻倍，大部分人的消费量不会产生变化。但长期酗酒的人在饮酒上的花费占据了他们收入的很大一部分，这不仅是因为他们喝得多，也因为酗酒会导致他们收入减少。所以，他们不能承受酒的价格进一步提高。

要想研究酒精税究竟会对酗酒者造成何种影响，我们面临着一个挑战，那就是销售数据不能显示是谁购买的以及谁喝的酒。经济学家菲利普·库克发明了一个聪明的办法来规避这个问题。[11] 观察显示，大部分与酒后驾驶相关的车祸是由司机长期酗酒引起的，并且，酗酒者占肝硬化死亡人数的绝大部分。基于这些结论，他获得了一个重要发现：如果在某个州提高酒精税，此后与酒后驾驶相关的车祸数量以及肝硬化死亡人数都会显著下降；但在没有提高酒精税的州，就不会出现这种情况。尽管大部分患有肝病的酗酒者知道最有效的治疗方法是少喝酒，但这个知识本身不足以让他们改变自己的行为。但在面对价格刺激时，他们中的许多人很快就能做出改变。

还有人反对酒精税的理由是，为了抑制一小部分不负责任的酗酒者的行为而惩罚大部分人是不公平的。然而，事实上，占据了大部分酒消费量的酗酒者所承担的酒精税也会占大部分。酒精税带来的收益可以使政府降低中度和轻度饮酒者的所得税税率，并补偿减少的这部分税收。

对造成非直接伤害的行为征税

本章讨论的伤害行为全都属于个别人对其他人造成伤害，并且他们自己无法消除这种伤害的案例。例如，作为一名驾驶者，你可以尽量小心，但你还是有可能会被冲过停车标志的 SUV 撞到。目前讨论的都是会对他人造成直接的、身体伤害的案例。因此，正如第 1 章讨论的那样，按照穆勒的伤害原则对这些行为进行极其严格的管控，也是合理合法的。

第 5 章中曾提出，在许多消费行为导致的伤害案例中，受害者也无法通过自己的努力避免遭到伤害。但那些案例通常不会直接造成身体上的伤害。相对于对造成直接身体伤害的行为进行征税，许多自由主义者更难以接受由于改变社会参考体系而导致的问题。但在下一节中，我将论述是否造成身体上的伤害并不是决定因素。真正的问题在于，要想避免由他人的行为所带来的伤害，其成本是多么高。例如，如果别人不惜借更多钱来买好学区的房子，你就没有好的解决办法。你可以自己也去借钱，承受随之产生的财务风险；你也可以不去借钱，但不得不把孩子送到不好的学校。

自行车与摩托车头盔法规

还有一个更加复杂的综合案例，那就是骑自行车和摩托车戴不戴头盔的问题。在我儿子 14 岁那年，他从自行车上摔下来，并且摔得很重，头部和肩膀重重着地。幸运的是，他只是轻微脑震荡，并且断了一根锁骨。但急救室的医生告诉我，如果他没有戴头盔，这次的伤害可能致命，因为头盔的右半部分已经被摔得粉碎。

他之所以戴了头盔，是因为纽约州的法律规定，16 岁以下骑自行车的人必须戴头盔。部分家长反对这项规定，声称为孩子制定安全规则是他们自己的责任，而非州政府的责任。

但我知道，即使没有发生这次事故，我和其他一些父母也会感激这一规定。许多男孩将冒险行为当作一种荣誉，如果没有这样的规定，戴头盔会被其他同龄人嘲笑。在一个理想的世界里，父母能够成功帮助孩子不去理会这种压力。 但我们并非生活在理想的世界。我们清楚，如果不强制规定，无论父母怎么努力，戴头盔的孩子都会变少。

纽约州关于戴头盔的规定能通过穆勒的测试吗？也就是说，它是否能通过限制一部分人的行为，成功避免这些人对其他人造成伤害？毫无疑问，这项规定避免了大量的伤害。若非如此，许多孩子，也许包括我儿子，早就已经丧命。他们失去自己的生命，这也是他们父母以及其他关心他们的人的损失。即便不对这些损失进行详细的估算，我们也可以肯定，没有人会怀疑这种损失是多么重大。那么，问题就在于，因戴头盔的规定而避免的伤害，相对于被强制要求戴头盔所带来的伤害，孰轻孰重。

当然，许多支持这项规定的人之前都有戴头盔的习惯。即便如此，他们中的许多人依然会暗自感谢这项规定，因为他们发现如果大家都戴头盔，自己也不会觉得尴尬了。基于同样的原因，之前没有戴头盔习惯的人也很乐意被要求这么做。对于这两类人来说，这项规定并没有造成任何伤害，这就跟戴头盔的规则基本上不会对冰球运动员造成伤害是一样的。但不可避免的是，仍有一小部分人会觉得这项规定对于他们来说是一种冒犯，但是他们受到的伤害绝对轻于这些规定所能避免的伤害。

在第 7 章我们曾讨论过，在严格应用穆勒的伤害原则之前，需要对当事双方所受伤害的经济价值进行可靠的评估。纽约州立法机构在不经估算的情况下就通过了关于戴头盔的立法，或许是因为大部分的立法者都认为，这项规定所能避免的伤害将远远大于它所带来的伤害。

反对头盔规定的自由主义者可能提出以下论点：规定所导致的冒犯和反感，比它所能预防的伤害更严重。然而，几乎没有自由主义者会采取这个论点。他们只是在说，州政府没有权利指导人们如何生活，所以不应该通过这项立法。除非他们完全不打算应用穆勒的伤害法则，否则这样做是行不通的。如果自由主义者有权利阻碍大部分人所期待的青少年戴头盔规定的实施，那也就是说他们拥有将伤害强加于家长和其他人身上的权利。请问他们凭什么拥有这样的权利呢？

部分自由主义者或许会反对，认为举这个例子对他们来说不公平，州政府自然有权利实施青少年必须戴头盔的规定，因为毕竟青少年没有足够的判断能力和经验，无法在面对高风险行为时做出慎重的决定。但证据表明，青少年成长为成年人后，并不会发生任何奇迹。缺乏深谋远虑、天真的乐观，以及在面对社会压力时的脆弱，这些问题或许会随着年龄的增长而逐渐好转，但这些问题在大部分成年人身上依然非常明显。同孩子一样，成年人也有许多爱他们的人，如果受到严重或致命伤害，那些人也会无法承受。

有一年，我在巴黎休假时，曾与一位无法忍受交通拥堵而每天骑车45分钟上班的同事有过一次对话。尽管在巴黎，自行车事故非常常见，这位聪明、成熟的女士也从不戴头盔。我告诉她我儿子经历的事故，并劝说她考虑戴头盔。在她提出反对意见时，我故意揶揄她是由于害怕看起来不时尚才拒绝的。她对此提出强烈抗议，我也完全相信，她并不在意时尚与否。然而，数周之后，她羞怯地向我坦白，其实她曾在周末尝试过戴头盔，但不能想象自己戴头盔出现在大家面前是怎样一种情形。这不足为奇，因为在巴黎的一整年里，我从未见过任何一位骑自行车的女性戴头盔。特立独行确实会让人感觉尴尬。

我也无法想象法国颁布一项强制戴头盔的法律（过去我也曾无法相信他们会通过一项法律，禁止在酒吧和餐馆吸烟）。能够接受穆勒伤害原则的自由主义者不会断然反对这些法规，哪怕是在成年人身上实施的法规。因为社会环境会在很大程度上影响人的决策，许多人发现，要避免他人行为所带来的影响，成本非常高。无论是否强制戴头盔，都有人会受到伤害。如果发生这种情况，我们的共同利益在于最大限度地减少总体伤害。

在自由主义者的强烈反对声中，许多州都通过了法规，规定骑摩托车的成年人也必须戴头盔。我那位曾经骑自行车时受伤的儿子现在已经成年了。他不骑摩托车，但如果要骑，我会很感激纽约也在这几个强制戴头盔的地区之列。但人们常常迷失在关于是否应该强制规定戴头盔的讨论里，而忽略了比起直接规定，其实还有其他策略，可以让被这项规定冒犯的人承受的成本更低。

对于成年人是否应该戴头盔这个问题，部分有戴头盔习惯的人也十分敏感。在一个只有少数人戴的环境里，例如在巴黎时我的同事所处的环境，少数戴头盔的人会被认为是另类。一个显而易见的事实是，极少数人戴头盔的状况将会持续，哪怕大部分人都希望自己和他人都戴头盔。我们还知道，不戴头盔可能会造成严重伤害，不仅仅是伤害当事人，而且也会伤害那些关心他们的人。因此，要求戴头盔所能减少的总体伤害，使在任何环境下都不愿意戴头盔的人所承受的伤害，不再那么重要。

然而，自由主义者强烈反对这项规定。他们称任何愿意戴头盔的人都有自由去做的权利。他们没有否认与众不同所导致的尴尬会阻碍一些人戴头盔，但那其实是在说，那是那些人自己的问题。或许，那些人应该更认真地思考什么是真正重要的，并且克服他人的看法。如果采取另外的办法，即强迫不愿意戴头盔的人必须戴，那么这部分人将无从选择。但我仍要说，如果在一个环境里，大部分人平时都不戴头盔，并且只有当他人开始戴头盔，自己才会戴，但他们仍希望包括自己在内的大部分人都去戴头盔，那么这个环境是有问题的。

幸运的是，强制要求戴头盔并不是解决这个问题的唯一途径。我们可以采取一种弹性的戴头盔要求，那就是允许任何人都能以适当的价格购买豁免权。比方说，每年缴纳 300 美元，可以从机动车辆管理局购买许可证，然后将它贴在牌照旁，告诉交警这辆车的车主获得了不戴头盔的豁免权。

这个办法的逻辑跟征收二氧化硫排放税的逻辑是一样的。对于某些企业来说，降低排放量所付出的成本远高于其他企业；类似地，对于某些人来说，必须戴头盔的成本也会比其他人高。正如二氧化硫所带来的伤害取决于总排放量，阻碍人们戴头盔的社会压力取决于不戴头盔的人所占的比例。在上述案例中，有效的解决方案都是让最容易采纳必要改变措施的人做出改变。征收二氧化硫排放税，会引导减排成本低于应缴税款的企业采用清洁技术进行减排，而对不戴头盔的人征税，能够鼓励并非强烈反对戴头盔的人做出改变。

如果自由主义者仍对征税感到不舒服，他们可以这么考虑：这不仅减少了伤害，还能增加税收收入，从而为有益的公共服务买单。这样可以降低对有益活动征税的税率。对不戴头盔骑车的人征税，意味着政府可以减少征收工资税，工资税不利于产生更多的工作机会；或者可以减少征收所得税，所得税不利于人们进行储蓄。

对有害行为征税是一种滑坡谬误吗

我将以近年来一项最受争议的征税提议案例作为总结，那就是针对含糖苏打饮料的征税提议。含糖苏打饮料被认为是引发肥胖症流行的主要因素。在自由主义者和其他人的反对声中，华盛顿特区通过了这项征税的立法。在想办法筹集奥巴马政府提出的医疗保险改革法案所需费用的过程中，参议院财政委员会在经过考虑后，拒绝了一项类似的征税立法。纽约州前任州长戴维·佩特森（David Paterson）为了尽快解决州政府日益扩大的财政赤字，需要额外的收入，从而提出了这项没有成功的征税提议。

批评含糖苏打饮料税的人认为，这是保姆式州政府对人们的终极侵扰。对于他们来说，这跟那些会伤害他人的案例是有差别的。由于过量饮用含糖苏打饮料而肥胖的人，在饮用高果糖玉米糖浆时，也更有可能患上糖尿病和心脏病。他们更有可能被足部截肢，也更有可能在成年前死亡。

然而，这些昂贵的成本都是饮用者给自己增加的成本，不影响别人。当然，过量摄入玉米糖浆所导致的医疗并发症通常需要由公共支出所支持的治疗。但如果苏打饮料饮用者拥有正常的寿命，这些支出在他们临终前也会发生。正如许多经济学家所指出的，在成年前死亡其实为政府节省了数十亿美元的社会保险开支。

简而言之，征收含糖苏打饮料税更像是一种家长式的管制，而不是对危害他人的行为进行征税。然而，毋庸置疑，含糖苏打饮料税将以一种取悦许多纳税人的方式来改变他们的行为。正如我在第 2 章中讨论过的那样，证据表明，人们总是过于看重眼前的成本和利益，过于轻视具有不确定性的或者延后发生的结果。许多人购买含糖苏打饮料的理由是这些饮料很好喝，而不是希望自己未来变胖。数年之后，如果税收让他们减少了购买这些饮料的次数，很少人会为之前的行为感到后悔。

从行为学的角度来说，未来的自己对于现在的自己来说，无异于一个陌生人。假设喝含糖苏打饮料引发的即时后果，是导致一位完全陌生的人由于糖尿病循环障碍而被足部截肢。如果这种随机的联系一定会发生，几乎没有人会喝太多的含糖苏打饮料。但由于受害者是存在于遥远未来的自己，并且伤害程度不确定，为避免伤害而限制自己有害行为的动力就会大大减弱。

为反对含糖苏打饮料税，经济学家格里高利·曼昆（Gregory Mankiw）担心批准这些征税政策就会导致滑坡谬误①。他写道："征收苏打饮料税会鼓励人们保证营养，更好地照顾未来的自己。于是，也可以对糖果、冰激凌和油炸食品征税。接下来，可以资助西兰花、健身房税费和牙线。向愚蠢的电视秀征税以及为严肃文学提供补贴也就离我们不远了。"[12]

这种担忧有其合理性，但我们不得不开始"滑坡"。在进一步经历这个"滑坡"之前，我们无法消除这种担忧。饮用含有大量高果糖玉米糖浆的苏打饮料显然会造成重大损害。但只要我们还对储蓄、创造工作机会以及其他有益的行为进行征税，通过对有害行为征税来取代对有益行为的征税就迫在眉睫。

① 滑坡谬误是一种逻辑谬论，即不合理地使用连串的因果关系，将"可能性"转化为"必然性"，以达到某种意欲而为的结论。——译者注

THE DARWIN ECONOMY

THE DARWIN ECONOMY

12

重新思考自由主义者的反对主张

每个人对于美好生活的构想都不尽相同。几乎人人都重视个人的自主权，自由主义者尤甚。然而，哪怕是最坚定的自由主义者，每天都会放弃许多珍贵的选择权，以便获得其他权益。举个例子来说，如果你是工薪一族，就必须配合他人的日程安排，并且去做许多你并不喜欢做的事情。即便自主经营事业，你的时间也不可能完全属于自己。但是你能坦然接受这样的事实，因为你的放弃使你获得了其他重要的选择权。

简而言之，拥有完全的自主权是一种不可能存在的极端情况。自由主义者所面临的挑战，跟其他人一样，在于如何获得最大价值的选择权组合。

征税将直接削弱你的自主权，无论是何种税，因为你不可能再用这部分钱去做你想做的事情。然而，这并不意味着，纳税就会损害你选择权的总体价值。这取决于许多因素，而其中最重要的因素是，纳税所带来的利益和你直接用税款所能买到的东西相比孰轻孰重。尽管“那本来就是你自己的钱”，但另一方面，公共服务能为你提供很高的价值。正如我在前面章节所述，种种征税还有额外的好处：遏制那些弊大于利的行为。

本章旨在探索一个主题，那就是理性的自由主义者应当自愿承受何种由国家所赋予的限制。我所说的“理性的自由主义者”，是指高度重视个人自主权，并且为了实现自己的目标而对所有选择权进行权衡的人。至于目标为何，我在此不进行假设。自由主义者的目标，有可能是尽量消费，或者尽量积累财富，也有可能是帮助别人，或者成为佛教徒，又或者从政。那么，问题就在于，如果可以任意选择，理性的自由主义者愿意选择何种形态的社会？

“理性的”这个定语十分重要。有些人往往会去抵制一些能够实现自己目标的制度，理由是这些制度违背了某些虚无缥缈的原则。我在本章的论述并不是为了说服这类人。但我认为，我的论述能够说服理性的自由主义者，诸如现代福利体系之类的社会制度，将超乎想象地，更有可能帮助他们实现目标。

科斯带来的启示

在第 6 章，我们详细讨论了经济学家罗纳德·科斯所提出的框架，这个框架为我们即将面临的问题提供了行之有效的思路。我们来简单回顾一下，科斯首先提出，伤害他人的行为在本质上会起到相互作用。比方说，汤姆吸烟会伤害山姆，但事实上，伤害山姆并不是汤姆有意为之。汤姆只不过是想通过成本最低的方式来实现自己的目标。如果我们阻止汤姆吸烟，我们就会伤害汤姆。科斯的洞见的革命性在于，汤姆和山姆在尽量降低双方所受的伤害时，获得了共同的利益。

在第 6 章中我曾讨论过，通过对科斯的工作进行仔细研究，我们可以确定，现实障碍通常会阻碍双方私下协商，从而无法为外部性找到解决方案。按照他的分析方法，第一步应该分析，如果不存在障碍，事件将会如何发展。为此，他抛出了一个问题：如果不存在协商成本，不存在起草和执行合约的成本，不存在阻碍人们经过讨论得出解决方案的障碍，事情将会如何发展？

科斯认为，在此情况下，人们会选择最有效的解决方案。比方说，如果汤姆戒烟的成本低于山姆所受到伤害的经济价值，无论法律是否有规定，汤姆都会选择戒烟。如果法律没有明确汤姆应为伤害负责，他就可以毫无责任地制造污染。但山姆不会听之任之，为了维护自己的利益，他得付钱给汤姆，以便让他停止吸烟。

如若不然，还有一种更经济的方式，那就是山姆搬家到上风的位置，从而避免受到伤害。如果法律认为汤姆吸烟所引发的伤害是合法的，山姆可以原位不动，然后用钱来消除自己所受到的伤害。那样的话，汤姆向山姆付钱，让山姆搬家，这是成本更低的方式。

重要的是，如果双方不能就最有效的解决方案达成一致，那么事情就会恶化。科斯的框架描述了一种鲜明的对比，那就是在效率和自主性之间存在着尚未被人意识到其重要性的联系。由于这种联系十分重要，为方便讨论，我们可以将它明确如下：

除非能够有效解决将为他人带来伤害的问题，否则个人的自主性永远要妥协。

合租室友抽烟，你还要和他一起住吗

我们可以用一个简单的例子来加以说明，并且在举例的过程中，我们可以看到有效解决问题的关键在哪里。假设汤姆和山姆正在考虑是否合租一个每月房租为 3 000 美元的、带有两间卧室的公寓。或者，他们可以各自花 2 000 美元，各租一个单间公寓。先不论房租，除了汤姆喜欢吸烟而山姆不喜欢闻到烟味这个问题，他们对其他方面没有任何意见。如果他们分开住，吸烟也不再是什么问题。那么问题在于，合租所节省的房租是否足以补偿吸烟所带来的伤害。

在回答这个问题之前，我们必须了解汤姆吸烟的意愿有多强烈，以及山姆对于在无烟环境居住的意愿有多强烈。我在第 7 章中曾说过，衡量意愿强烈程度最有效的指标在于他们愿意为此支付多少钱。假设汤姆为解除不允许在家吸烟的限制，愿意每个月支付 800 美元，而山姆觉得在无烟环境居住的价值为每个月 1 600 美元。为方便起见，我仅从票面价值进行估算，不考虑汤姆或许会因为其他某种激励因素而放弃吸烟。

他们所面临的是一个典型的“成本 – 收益”问题。两人合租两居室的公寓要花费 3 000 美元的房租，比两人各租一间单间公寓的总价低 1 000 美元。因此，两人合租的收益是每月 1 000 美元。那么成本是多少呢？对汤姆来说，能够在家吸烟的价值是每月 800 美元，但他对汤姆造成的损失是每月 1 600 美元，那么最有效的解决方案就是汤姆放弃在家吸烟。他做出这个改变的成本是每月 800 美元，也就是他为了吸烟愿意支付的价钱。

在这种情况下，两人合租的成本是每月 800 美元。

如果他们一起合租，并且达成协议汤姆不能在家吸烟，由于合租的收益是每月 1 000 每月，而成本仅为 800 美元，那么他们每月就可以分享 200 美元的额外收益。如果他们愿意平分这 200 美元，他们在分摊房租后，每个月能比单独租房节省 100 美元。

除了吸烟问题外，山姆不介意是合租还是单独租房。如果合租，他需要分摊 1 900 美元的房租（这比他自己租房，也就是在不受吸烟问题困扰的情况下，少花 100 美元），那么他每个月可以节省 100 美元。对于汤姆来说，如果他承担的房租是 1 100 美元，那么合租能够为他节省 100 美元。这比他单独租一间单间公寓少花 900 美元，但其中的 800 美元要作为放弃在家吸烟的补偿。

我在第 7 章中曾讨论过，定价通常取决于各方的收入。比方说，山姆愿意为无烟环境付出的价钱高于汤姆愿意为继续吸烟支付的价钱，因为山姆的收入比汤姆高。左派批评家常常因为定价取决于人们的支付能力而反对成本 – 收益测试。他们质疑道，为何富人就可以占优势？我在第 7 章也曾讨论过，这是因为，如果根据支付意愿来衡量成本和收益，参与各方都能获得他们想要的结果。使用其他定价方法则有可能妨碍他们推动事情往前发展。

举例来说，假设在汤姆和山姆的案例中，定价不是根据两人的支付意愿来决定的。如果双方必须平摊房租，首先汤姆永远不会同意合租。每月支付 1 500 美元房租，但是不能吸烟，那他肯定愿意花 2 000 美元自己住。

如果按照之前描述的协议进行合租，他们俩都能获得净收益。如果要说这个协议侵犯了某方的权利，这是不成立的。毕竟，每个人都有独自居住的权利，如果他们愿意的话，完全可以不达成协议。这样一来，汤姆就没有理由抱怨他失去了在家吸烟的权利。达成协议后他确实不能再在家吸烟，但是他获得的补偿高于他的要求，也就是每个月可以节省 900 美元房租。山姆同样没有理由抱怨他付的房租份额更高。汤姆须放弃他很看重的习惯，来达成双方可以接受的合租协议，如果山姆所需支付的房租份额没有很大差距，那汤姆可以不同意合租。

相对于他们所面临的其他选择，上述协议（妥协以及其他方面）使两人的自主权达到最大。自主权是指一个人可以做自己想做的事情的权利。合租协议没有要求山姆放弃他所看重的事情，却让他的资产增加了额外的 100 美元，从而使得他能做的事情更多了。在汤姆看来，同意放弃在家吸烟是一种极大的牺牲。但他获得了他更看重的东西作为回报，那就是每个月拥有额外 900 美元可以支配。他能做的事情少了重要一项，但他获得了比他所放弃的事情更有价值的选项。因此，他同样享有了更大的自主权。

通过这个案例，我希望强调的是，为伤害他人的行为找到有效的解决方案符合当事各方的利益。无论问题具体是什么都可以这么做：可以是吸烟问题，可以是噪声问题，也可以是为了进入最好的学校而比拼学区房的问题。无论当事人是谁也都适用：可以是共和党人士或者民主党人士，天主教徒或基督教徒，从高中辍学的人或大学毕业生，理性的自由主义者或茶党成员。

上述案例强调了科斯的“外部性是相互的”的观点的重要性。汤姆希望能够在家吸烟，但他并不是一个作恶者。山姆希望得到一个无烟的居住环境，他也不是一个受害者。他们只不过是共同面临一个事关双方利益的问题，须用成本最低的方式来解决它。一旦找到有效的解决方案，他们就能拥有新的选择权，可以选择一些比之前所拥有的更喜欢的东西。也就是说，每个人都能拥有更大的自主权。解决问题的有效性是最大自主权的前提。

解决问题的有效性是最大自主权的前提

在此基础之上，让我们再来探讨几个理性自由主义者或许愿意接受的具体案例。聪明的读者或许已经注意到，合租的案例与第 8 章中的组建社会的案例十分相似。我们再做一次之前做过的练习，想象一场洪灾摧毁了社会上的一切事物，你和其他 999 人登上方舟得以获救。你的任务是组建社会，重建社会文明。

本次练习的目的依然是为那些强烈关心个人自主性的人实现他们利益的最大化。最重要的是，进入一个新社会必须是严格自愿的。没有人可以强迫你进入你不想进入的社会，并且只有在获得每一位社会成员的认可后，社会规则才能生效。

假设你是一位理性的自由主义者，而其他 999 人代表着从各种能力和品性的人中随机抽取的人员。就对自主权的渴望程度而言，你跟其他一小部分与你类似的人处于整个数值分布的极值尾部。从性格来说，你是一位极端的自由主义者，但你并不是一位空想家。如果你会选择加入一个对你的自由行为有所限制的社会，原因只有一个，那就是接受这些限制符合你的利益。

同之前的设定一样，每个社会都拥有在洪灾中存留下来的一部分土地和其他一些财产。假设一个 100 人的社会占世界总人口数的 10%，他们也相应地拥有 10% 的土地和其他财产。如何分配这些财产成为一个需要成员们自己解决的问题。他们可以让每个人分到同等份额，也可以先拿出一小部分进行分配，然后允许成员们用已经分到的钱购买其余部分。或者，他们还可以组建一个财产永久共有的社会。所有的方案都可供选择。

假设你可以完全了解他人的才能和品行，那么你是知道自己选择加入的社会是什么样的。一旦你和其他人达成协议，组建一个社会，在你们制定的规则下，你可以凭借自己的努力和才能赚钱。

我在第 8 章中曾讨论过，能否取得重要成果取决于你所选择加入的人群的特点。如果他们之中大部分人生产力很高，你所在的社会就能购买更多更好的公共设施。但这也是缺点，比方说会对你竞标房产产生不利影响。假如只有一部分房子能看到美景，而大部分人都想要那样的房子，如果你属于生产力最低的那部分人，那么你得到这样房子的可能性很低。

在第 8 章中我曾提出，诸如此类的考虑是促使人们支持累进税的原因之一。如果一位理性的自由主义者希望社会中其他人生产力不如自己，使得他能在竞标房产时占据优势，其他人的反应则是要求通过税务机制获得补偿。那么，自由主义者就得判断，这样的社会对他来说是否具有吸引力。

鉴于一些集体主义经济社会的惨淡历史，参与者或许都会同意将大部分的商品和服务移交到自由市场。但在第 9 章我们可以看到，竞争性市场的收入前景具有天然的不确定性。在天赋或能力方面的微小差异，以及其他看似不重要的随机事件，往往会导致差距极大的市场回报。在仔细考虑这一事实后，哪怕是理性的自由主义者，或许也会希望通过某种社会保障的形式，来补充市场收入。一旦成员们就社会的机构设置和管理规则达成统一意见，他们就能按照自己的意愿自由支配收入。

顺便提一下，至少从某个重要角度来说，这个练习有别于道德哲学家约翰·罗尔斯（John Rawls）提出的一个著名的思想实验。[1]罗尔斯让读者想象自己处于无知之幕的后边，人们无法认清自己的才能和品性。他认为，在无知之幕的掩盖下，我们可以预测分配规则将会是公平的，因为人们不知道哪些规则对他们是有利的。罗尔斯认为，在这种背景下制定出来的规则，如果只是为了帮助社会中最穷困的人群增加收入，那么收入不平等的情况将会越来越严重。尽管也有人提出，位于无知之幕后面的大部分人制定出来的制度会比这更不公平，但人们普遍认为，如果需要采取更激烈的措施来限制不公平，罗尔斯的思想实验可以提供强有力的理论基础。

或许也有人会说，我所提出的练习是不公平的，因为人们事先已经知道了自己的才能情况，他们有能力排斥那么运气不佳、天生才能堪忧的人。这种反对意见非常有力。与罗尔斯实验不同的是，我的练习目标不在于呈现一个公平社会的面貌，而在于指出理性的自由主义者会选择加入什么样的社会。我从未宣称社会应该被塑造成理性的自由主义者所愿意选择的社会。我所主张的是那种社会会与现代福利国家高度相似。

由安·兰德（Ayn Rand）创作的小说《阿特拉斯耸耸肩》（*Atlas Shrugged*）里的主人公约翰·高尔特（John Galt）又会选择加入什么样的社会呢？兰德曾说，她写这部小说是为了“展示这个世界是多么迫切地需要发起者，而社会对待发起者的方式又是多么的恶劣”。[2]但我所提出的实验是将自由主义发起者置于有利的地位。在那里，高尔特没有理由担心遭受恶劣的待遇。尽管这个实验做出了有利于高尔特的设计，但他被赋予的能力在本质上是防御性的。他可以拒绝别人强加给他的令人不悦的条款，但他也不能强加条款给别人。

妥协的真正原因

在最开始的时候，理性的自由主义者将会放弃“一切税收皆为窃取”的主张。除了国防领域，还有许多重要物品是无法由私营部门生产出来的，或者说生产质量不尽人意。比方说，在某些情况下，私营收费公路是经济可行的，但让私营部门在密集交错的城市网格设立收费亭是不现实的。政府通过税收来建设和维护道路的效率更高。理性的自由主义者还会接受一个事实，那就是征税必须是强制性的。自愿性的税收远远不足以支付人们所需的公共设施和服务。

在我提出的练习中，理性的自由主义者能够做出妥协，最主要的原因在于人多所固有的优势。正如本书第 8 章所说，许多公共设施拥有一个共有特性，那就是它们在面向所有民众时必须是等质等量的。越多人来分摊成本，每个人的付出也就越少。即便他人青睐的公共设施和服务不同于自己的喜好，理性的自由主义者也许也会选择加入他们。这样做有一个很明显的缺点，那就是他不得不通过交税来为某些他不喜欢的公共设施买单。但也会有更多人来跟他一起分摊他所喜欢的公共设施的成本，总的来说他的赋税压力会减轻。

高尔特及其志同道合的伙伴或许梦想着拥有一个完全由他们这样的发起者所构建的社会，因为这样的话他们就无须妥协。然而，在经过短暂的思考后，他们肯定会改变主意。在那样一个社会，谁来为他们提供洗衣服务呢？他们的房子着火时谁来救火？谁来收垃圾？如果将很多时间花费在这样的事情上，他们其实是在严重牺牲自己的自主性。

亚当·斯密最卓著的洞见之一是：如果人们能够分解任务并实行专业化分工，生产力将获得爆发式的增长。比方说，他曾举过一个广为引用的例子，18 世纪苏格兰大头针厂在实行专业化分工后，生产力增长了数百倍：

> 一个人抽铁线，一个人拉直，一个人切截，一个人削尖线的一端，一个人磨另一端，以便装上圆头。要做圆头，就需要有两三种不同的操作。我见过一家这样的雇有 10 个工人的小工厂，如果工人们竭尽全力地工作，他们一天大约能生产 12 磅（约 5.44 千克）大头针。如果是中等大小的大头针，1 磅（约 0.45 千克）最多有 4 000 枚。那么这 10 个人，每天最多能生产 48 000 枚。按照每个人占 1/10 计算，每个人每天最多能生产 4 800 枚。但如果他们不是各自负责一个部分，假如他们没有受过类似的训练，那么他们每个人一天的生产量肯定不足 20 枚，甚至有可能 1 枚都生产不出来。[3]

亚当·斯密还意识到，只有在人口密度足够的情况下，这样的专业化分工才能完全发挥出优势。因此，他写道：

> 由于交换的力量为劳动分工带来了机会，因此，分工的程度必将取决于交换力量的强弱，或者换种方式来说，取决于市场化的程度。在苏格兰高地这样荒芜的地方，散落着一些孤零零的

> 房屋和小村庄，每位农民还必须兼任自己家的屠夫、烘焙师和酿酒师。在此情境下，我们很难在 30 公里以内的地方找到干铁匠、木匠或泥瓦匠等行当的人。住户之间彼此散落，很难在 15 公里内的地方找到另一户人家，他们必须学会做许多小事情，而在人口更密集的地方，这些事可以由工人的助手来做。小乡村里的木匠不仅仅是木匠，还得是细工木匠、家具木匠，甚至是木材雕刻师，同时还是车匠、制犁匠、二轮货运马车匠和四轮货运马车匠。[4]

假如让思想实验中 1 000 人里的一小部分自由主义者组建一个新的社会。即便实验人数大大增加，如果约翰·高尔特不愿意加入跟他意见相左的群体，那么他也只能加入一个非常小的社会。除非我们愿意放弃亚当·斯密的主张，即分工和专业化是社会繁荣的基础，那么我们只能得出这样的结论：一个完全由坚定的自由主义者组建的社会也是非常贫穷的，至少相对于其他人数明显更多的社会来说是如此。

约翰·高尔特会同意强制储蓄计划吗

在牢记这个事实的基础上，让我们假设高尔特需要决定是否加入这样一个群体：这个群体跟他所有意见都一致，但有一个问题除外，那就是是否要实行强制储蓄项目。这个群体希望将所有税种的税率提高 10%，然后将这些额外的税收存入老百姓的账户里，退休后才能使用。他们支持这个项目，不是因为他们自认目光短浅或不理性，也不是因为他们想为自由主义者的生活制造困难。他们希望通过这个项目来减轻在学区择房上的竞争。

我再次声明，好学校是一个相对的概念。它只不过是在相同环境中相对更好。大多数父母都希望孩子能进好学校，但无论何时，只有 50% 的学生能被录取进入排名前 50% 的学校，无论父母在好学区花了多少钱买房都无济于事。

结果，年轻的父母们就会陷入一个痛苦的两难境地。他们要么在年轻的时候存下足够多的钱，以便在退休后维持舒适的生活水准；要么用大部分储蓄到更好的学区买房。正如之前讨论的那样，问题在于假如他们花光了所有的储蓄，他们也只不过是成功抬高了进入好学校的“门票”价格。这个群体通过将他们现有的部分收入存进储蓄账户里，直到退休才能使用，由此来缓解这个问题。

我们假设最开始的时候，高尔特和他的自由主义者同伴们觉得被这个项目的提议冒犯了。尽管科斯说过外部性会起相互作用，他们会问：“政府究竟有何权利强制我们存钱？”然而，其他人不会被反对意见所动摇，他们宣布无论自由主义者是否加入，他们都愿意执行这个计划。我相信，高尔特和他的朋友们找不到另外一个人数更多、跟他们意见相同的群体。那么，他们要么选择自己组建一个小型社会，保留进行储蓄的自主决策权；要么加入一个必须每月储蓄的更大型的社会。

如果他们加入了更大型的社会，他们就能够与更多人分摊公共设施的成本。此外，强制储蓄税与其他税种不同，因为这部分钱存在他们自己名下的账户里。到退休的时候，他们就能拿回所有的钱以及累积的复利。由于劳动分工和专业化程度更高，他们的税前收入能明显提高。无论如何，在更大型的社会里，他们的税后收入也会更高。如果加入大型社会后，在除去储蓄税和其他税费后，他们每周的收入还更高，但他们依然不这么做的话，怎么可以自称是“理性的”呢？

为了保护他们的自主权？那样的话，自主权的概念就会变得很怪异。如果他们在更大型社会能够获得更多的可支配收入（且不论他们在退休时还能取出强制储蓄的那部分钱），也没有受到更多的限制，那么他们在更大型社会获得的自主权会多得多。

安全法则

如果大型群体希望工作安全得到监管，同样的逻辑也适用。高尔特和他的朋友们或许会说，这样的管制将会剥夺他们决定是否为追求更高收入而承担额外风险的权利。是的，但并不是因为大型群体自以为是、好管闲事才希望实行这样的管制，而是因为个体与群体在风险偏好上存在根本的达尔文式冲突。在第 3 章中我曾写过，风险更高的工作回报更高，这是因为安全措施是需要成本的。因此，如果有人选择了风险更高的工作，他们能够用更多的钱在更好的学区买房，对于个人来说，这完全讲得通。但如果所有人都这么做，他们所期望的结果就会化为泡影，人们花光自己的储蓄，结果只会抬高好学区的房价。

高尔特和他的同伴或许仍存在质疑。然而，事实上希望实行监管的人数多过不希望监管的人数。由于社会越大，能够实现的劳动分工和专业化程度就越高，能够分摊的公共设施成本就越多，所以我们不难想象，大型社会里安全系数更高的工作的税后工资会比小型社会里风险不受监管的工作的工资更高。

高尔特及其同伴仍然拒绝加入，他们声称自主权的重要性高于一切。这样一来，他们就暴露了自己的不理性。视自主权高于一切的人却青睐于自主权更少的选择，这样的人不可能是理性的。在大型社会，低风险的工作让他们因为严重事故而失去自主权的可能性更低一些。更高的税后收入能够从无数方面增加他们选择的可能性。他们可以更自由地选择去何处度假，去哪里用餐，也可以选择缩短每周的工作时间，或者提前退休，等等。

在哲学和经济学领域，对于“理性”一词的定义不尽相同。但所有的定义都规定，理性者将会以最有效的方式实现自己的目标。如果高尔特及其同伴由于不同意大多数人在储蓄或风险方面的立场，而选择了更小的自主权，我们可以说，他们既不理性，也不像他们自己声称的那般重视自主权。

什么是权利

“人民拥有一系列权利”是《无政府、国家和乌托邦》(*Anarchy, State, and Utopia*)开篇的第一句话，这本著作是哲学家罗伯特·诺奇克(Robert Nozick)反对自由主义者立场的标志性作品。[5] 许多自由主义者会因为以下理由对我的实验提出异议：只有多数人对少数人拥有仗势欺人的能力。诚然，多数者通常会拥有这种能力。为防止他们滥用这种能力，所有成功的文明社会都会制定宪法，用以保障许多具体的个人权利。比方说，没有一个国家会赋予他人杀害你、窃取你的汽车、阻止你选举的权利。许多社会都赋予广泛的公共演讲自由，哪怕演讲者是在极力反对多数者。但是，实现多数者的意愿，并不总是，或者说并不通常，会侵犯别人的权利。

在任何国家，监管储蓄状况都不是违宪的，也没有任何国家会声称对安全进行监管是违反宪法规定的。这些观察结果里或许藏着某些真相。如果自由主义者坚持认为有人可以不受监管，他们必须解释这种权利从何而来。

无论如何解决这些具有争议性的问题，总有人会成为弱势群体。比方说，在关于储蓄的案例里，拒绝接受监管意味着许多人在退休时储蓄资金不足。但如果进行监管，有些人不得不存下比自己计划的更多的钱。在安全监管的案例中，拒绝接受监管意味着有些人被迫承担更多的风险。但如果进行监管，有些人不得不更多地为安全买单。如果自由主义者坚持对于后一类人的关注要优先于前一类人，他们必须对此做出解释。

决定是否加入一个有人与你在某些问题上意见相左的社会，与决定是否跟吸烟的人一起合租，是明显不同的。但就目前而言，这两种决定在两个重要的方面是相同的。首先，经济的重要性所占的比重相同。无论是共享公寓还是共享社会，与他人共享都意味着必须在某些方面做出妥协，但最终节省的成本可以让人觉得妥协是值得的。

其次，在两个案例中，对意愿进行估价为找到最有效的限制伤害的办法提供了通用标准。我在第 7 章曾说过，估价通常取决于各方的收入。在考虑他们收入的基础上，应该通过估价进行权重分配。正如之前说的那样，使用其他估价原则或许会阻碍当事各方继续进行交易。

有些自由主义者可能会反对说，科斯的框架强调成本 – 收益分析，这不一定适用于与人权相关的所有事务。这也许是对的。但我们并没有在谈论与人权相关的所有事务。我们只不过是在谈论日常公共政策的决策，这些政策通常只会对每个人一生的总财富产生极小的影响。

人生漫漫，通常在人的一生中，每个人都会受到数万项公共政策的影响。只选择那些收益大于成本的措施，并不能保证每个人都能从每项政策中获得净收益。每个变化都会产生赢家和输家。但如果以成本 – 收益分析作为决策规则，长期来看实际上每个人都会成为赢家。这就好比进行 1 000 次赢面更大的赌博。假如抛硬币出现正面你能赢 4 美元，出现背面输 3 美元。你可能连续输好几次。但如果硬币本身没问题，抛几千次之后，最终你绝对能成为赢家。

使用成本 – 收益分析作为社会决策的规则，会使某些人受到不公正的待遇吗？由于成本和收益是由支付意愿来衡量的，更高收入群体的意愿能够占更大比重，这是因为高收入者愿意为自己想要的东西支付更高的价钱。如果他们想要的与他人想要的存在系统性的不同，在许多领域都是如此，这就会成为一个问题。

正如我在第 7 章中所讨论的，假设低收入者有能力拒绝成本 – 收益分析，比方说在实验中可以拒绝加入采用这种方法的社会，但其实他们有更好的选择，那就是接受这种方法，从而获得更多可支配的收入。并且，在更大、更多元化的社会里，劳动分工和专业化的程度也更高，所以，做出这个让步对他人也是有利的。但一旦达成了协议，支付意愿将成为衡量不同选择的相关标准。

最坏的情况是，如果社会规则不能保证尽可能地把总的“经济蛋糕”做大，他们就白白浪费了扩大每一位公民自主权的机会。如果“经济蛋糕”做得更大，每个人都有机会分到更大的一块，也就意味着他们可以选择做更多的事情。

这样的话，自由主义者就有充足的理由来建立一个更大的同盟，大于他们将异见者排除在外时能形成的小同盟。这样做的优势在于人均收入将会大大高于之前仅由自由主义者组成的小同盟。此时，他们不得不遵守一些规则，从而放弃一些选择权，或者以更大代价获取选择权，这在之前讨论的关于储蓄和安全监管的案例中可以看出。但他们也会有许多新的选择。如果这些新的选择比他们牺牲的选择更有价值，正如在储蓄和安全监管案例中那样，几乎可以肯定，只有不理性的自由主义者才会拒绝加入。

人们当然不能随心所欲地建造新的社会，无论这个新社会是多么适合他们。实际上，基本上所有人都出生在一个既定的社会里，要想建造一个新的社会几乎是不可能的。因此，生活就像科斯框架呈现的第二种形式，即在生活中，交易成本的存在，使得人们不可能为外在因素所造成的问题协商出有效的私下解决方案。科斯建议道，社会应该对产权进行界定，采取一个可以推动当事各方找到他们所认可的解决方案的机制。

科斯框架着重强调了效率的重要性。比方说，如果一个群体希望监管工作场地的安全，但另外一个群体不希望如此，通过比较双方为自己立场愿意付出的代价，就可以找到解决问题的方案。

安全监管对于收入水平较低的工人来说更为重要。像约翰·高尔特那样的自由主义者们，他们的工作环境通常比需要安全监管那部分人的工作环境更为安全。因此，理性的自由主义者几乎不愿意付出代价来阻止安全监管。由于希望实行安全监管的工人在人数上多过持反对意见的自由主义者，那么，成本－收益分析将会支持实行安全监管。

自由主义者或许还会抗议，这侵犯了他们自主决定为安全付出多少成本的权利。但自由主义者却是在否认他人拥有决定自己最高承受多少风险的权利。为何第一种权利比第二种权利更重要？自由主义者须对此做出解释。

如果理性的自由主义者最终选择加入一个支持实施安全监管、交易成本为零的大型社会，他们有什么理由声称安全监管剥夺了他们的重要权利呢？在我们所生活的世界里，高额的交易成本意味着起码有一方无法获得他们想要的东西。自由主义者该如何解释，为什么大型社会的意愿就要打折扣？一个自称将自由看作高于一切的群体，会如何解释，在人人都享有完全自由选择权的环境中，有些人却得不到他们想要的东西？自由主义者是否拥有比科斯框架听起来更加中听的权利法则？那是什么样的法则呢？是宗教教条吗？请问是哪一条呢？

我们需要新一代的自由主义者

总而言之，代表传统自由主义者立场的理性自由主义者的观点很难站得住脚。我已经预设了传统自由主义者所需的所有条件，也就是市场是完全的竞争市场，消费者非常理性，以及政府不会限制除伤害他人之外的行为。在这一系列条件中，我只增加了一个重要的条件，一个不存在争论的观察结果：生活中许多重要方面是取决于相对标准的。也就是这个观察结果导致了传统自由主义者立场的崩塌。

报酬与相对业绩之间的关系，是亚当·斯密和达尔文对于竞争性过程的看法存在分歧的具体体现，更确切地说，是亚当·斯密的现代门徒与达尔文在观点上的分歧。前者相信，竞争的力量会引导自利的个体为全体社会创造最大的价值。达尔文的观点则相反，他认为竞争模式会导致个人追求自身的利益。在第 2 章中我们可以看到，这样的行为有时候会使全体社会受益，但并不是一直如此。尤其是当个体的薪酬取决于相对地位时，个体和集体的利益通常就会产生分歧。

如果是职位竞争而非雇主的压榨导致工人承担更多风险，自由主义者就没有理由说安全监管剥夺了他们自主选择的权利。聪明的自由主义者不会因为军备控制协议规定签署国不能随意制造武器，而去反对这些协议。这种限制恰恰是协议的意义所在。签署协议的人也知道，如果可以自由选择，他们将会无休止地制造炸弹。安全监管就好比军备控制协议，所以它自然会限制个人的选择权。但达成协议的各方的目标就是要实现这种限制！

在回报取决于相对业绩的领域，我们不可避免地会看到为了地位而开展的“军备竞赛”。并且，几乎不出所料，竞争者会通过“军备控制协议”来规定一些限制；因为如果不这么做，就会产生互相抵消的开支。赛车协会会限制发动机排放量，运动联盟会限制参赛人数，学区会限制幼儿园入园日期，等等。如果想从根本上反对这些限制，从而解除他们对于个人自由的限制，办法只有一个：完全不参与这些事务。

部分自由主义者坚持认为，相对地位对于大多数人来说并不重要。但即便是口才最差、知识最浅薄的辩论者也能毫不费力地驳倒这个观点。自由主义者最终必须承认相对地位是重要的，但他们中的许多人或许依然想说事实不应该是这样。他们会反对说，以地位因素决定公共政策，无异于将羡慕、嫉妒这样的负面情绪合法化。他们会说，我们不会考虑虐待狂和受虐狂在公共政策制定上的偏好，我们还应该忽视源自嫉妒和羡慕的偏好。

然而，这个论点同样站不住脚，因为关于地位的因素与此类情绪无关。根据环境做出判断是人类神经系统不可避免的属性。一辆车的速度只有比同一环境中的其他大多数车快，才能称之为快。如果一处房屋明显比同一环境中的其他大部分房子小，不管它的实际面积有多大，它看起来都是小的。正如我们在第 5 章看到的那样，当环境对于评测结果的影响力高于其他因素时，消费模式就会扭曲。人们在房屋、珠宝、汽车等受环境影响的物品上花费太多，在受环境影响较小的事物上的花费就会过少，比如安全、储蓄和休闲。在一个完全没有嫉妒或羡慕的世界里，此类消费扭曲也会发生。

自由主义者或许还会继续坚持声称累进税侵犯了他们的权利。但正如我们在第 8 章看到的那样，任何其他形式的征税都会剥夺社会上最富有成员选择他们最喜欢的公共和私人设施的权利。自由主义者或许还会坚持认为，向最富有的社会成员征收相对更高的税，会使“经济蛋糕”变小。正如我们在第 10 章看到的那样，几乎没有证据可以支持这种论点。相反，我们在第 11 章可以看到，通过抑制利大于弊的行为，一个设计完善的征税系统实际上可以使“经济蛋糕”变大。如果我们缩减一小部分在婚礼和成年礼上的花费，仪式的主角们也会觉得这些仪式很特别。如果我们减少数吨二氧化碳的排放量，我们也能降低灾难性全球气候变化发生的可能性。

正如穆勒所说的那样，政府可以通过立法限制个人的行为，从而阻止对他人的伤害。但最后发现，严厉的管制几乎从来都不是最有效的。污染税的经验已经证明，增加有害行为的成本通常比直接禁止的作用更好。社会的利益在于减少有害行为的总量，而不是减少具体某个人的有害行为。尽可能少用监管而采用征税手段，可以将总成本控制在最低程度，因为这样可以将减少伤害的任务集中分配给少数几位完成成本最低的参与方。

几十年来，反政府和反税的口号妨碍了政府更好地运用这些简单的道理。正如我们在第 4 章看到的那样，有些国家拥有励志的、诚实的政府，它们能够不遗余力地提供公共设施和服务。每一位理性的人都希望生活在这样政府的羽翼之下。但好政府不是凭空而来的，它必须经过细心的培育。“饿死这些野兽”这样的说辞断然不会帮我们锻造出我们所梦想拥有的社会。

我们需要优秀的政府，因为个人和社会的目标通常是冲突对立的。当冲突出现时，期待“无形的手”来解决问题的想法未免会显得太天真。有一个好消息，那就是明智的征税政策通常可以指导我们在不干扰他人的情况下获得好的结果。只需通过对伤害他人的行为进行征税，我们就能轻易地获得维护道路和桥梁的费用，而不用痛苦地牺牲私人消费。

尽管传统自由主义者的立场经不起严格的审查，我也从未幻想可以通过理论或证据，能使自由主义信仰坚定的追随者改变想法。但在写这本书的时候，我希望它至少能说服部分自由主义者重新思考他们对于集体行动不假思索的反对。在公共辩论中，最热切关注个人自主权的人其实占据着非常重要的地位。几乎没有人希望看到一个对任何一项恼人行为都要进行监管的政府。真正有效的政府只会专注于处理那些无法由自己解决的、真正带来伤害的行为，会以干扰性最低的方式来阻止这些行为。

拥有一个这样的政府，就相当于形成了一个成功的自由主义福利国家。为实现这个目标，美国需要新一代的自由主义者，他们愿意接受针对自己行为的立法限制，同时继续对政府进行的不必要的干扰进行激烈的斗争。

每一个时代都有末日预言者。之前几个时代的预言者大多都是宗教狂热者，而当今时代的预言者则是最优秀的科学家。他们告诉我们，如果我们不采取强有力的行动，快速抑制全球变暖，我们很有可能会化为灰烬。能够实现这个目标的政策工具不仅简单，而且易于理解，那就是实行坚定的碳排放税政策。这样一来，我们所需承担的成本就可以承受。但似乎我们还没有采取任何行动。

阻止我们采取行动的是反征税、反政府的狂热分子，驱动他们的那些理论一旦经受审视便不攻自破。当前，他们在争议中占了上风，但他们的理由并不可信。无论成败与否，我们必须同他们进行斗争。读完全篇，你还能无所事事地袖手旁观吗?

愤世嫉俗的朋友提醒道，我们不过是天真地以为自己能够做得更好。他们说，我不过是在同假想敌作战。或许吧。但正如塞万提斯在《堂吉诃德》中留下的警示所说的那样："过于清醒或许就是疯狂，而最疯狂的莫过于接受现实，而不去想生活本应怎样。"[6]

后记

在 2011 年 4 月，临近本书精装本交稿期限之际，美国经济依然低迷。包括我在内的诸多经济学家坚持认为联邦政府在 2009 年实施的刺激计划对于解决当时的困境来说简直是杯水车薪，分三年实施总额仅为 7 870 亿美元的刺激方案怎能应对每年 2 万亿美元的需求缺口？即便如此，经济还是呈现出了缓慢复苏的迹象。

因此在描述美国政治体制对经济衰退响应的不足时，我所使用的时态基于这样的假定：进一步的经济恶化在本书出版时早已发生。例如，我在书中提到，如果政府能像所有人认为应该做的那样，加速推进基础设施的维修工作，经济就会复苏得更快，我这样写道：“在经济衰退的低谷，生产设备空置，工人们无所事事。伴随着世界范围内市场的普遍萧条，生产材料的价格异常低廉。项目融资的利率也会接近历史低点。”

当然了，直到 2011 年 9 月精装本发行之时，这场衰退还远没有结束。本书的英文平装本在 2012 年 9 月问世，经济恶化仍在“固执”地继续。日渐破败的基础设施在此前没有得到修护，而本可以做这些修护工作的工人依旧无所事事，利率依旧位于历史低点，世界市场上的材料价格也依旧低廉。

经济复苏停滞的部分原因在于，联邦政府最初实施的刺激计划由于州政府和地方政府支出的大幅缩减而被削弱，这些缩减仍在继续。尽管财政紧缩将英国经济推入二度衰退，紧缩政策的拥护者依然反对进一步的经济刺激。

在美国和欧洲，这些紧缩政策的拥护者坚持认为，一个国家不能无限地透支财富，也就是说，就像一个家庭或者一个企业一样，政府最终必须保持收支平衡。如果我们在此讨论的是长期经济发展，这么说是有道理的。但是这对于短期发展而言却是大错特错。

紧缩政策支持者的理论缺陷显而易见。试想，一个已有负债的家庭必须决定是否借 5 000 美元在阁楼里添加隔热材料。假定这个方案平均每月会使家庭水电费用减少 100 美元，并且每月的还贷金额为 50 美元。实施这一方案在短期必然会增加负债，但是，这一方案无论在短期还是长期都会使这个家庭的经济境况得到改善。即便需要还贷，他们还是能够获得 50 美元的额外收益。并且，一旦还清借款，他们每月获得的额外收益就成了 100 美元。对于这样的方案还有什么好争辩的呢？

同样的逻辑完全适用于经济衰退期间的基础设施投资。没错，这些投资会增加政府债务。紧缩政策的拥护者宣称这样的计划会“压榨我们的后代”。然而他们也承认，这些投资不能无限推迟，而且推迟得越久投资成本也越高。因此，正是因为政府现在不实施这些计划，才让我们的后代平白背负更多的债务。

2012 年的经济衰退则会从其他方面增加未来的负担。例如，刚刚毕业的大学生被迫在继“大萧条”以后最为艰难的劳动力市场中谋生，如此滞后的发展会减少他们中的很多人一辈子的收入。由于企业投资没有达到正常水平（如果产出已然超出消费者需求，何必还要再建新的工厂呢？），一个国家的资本存量会始终处于较低水平，这意味着生产力和工资的增长也较为缓慢。

普遍的失业和滞后的工资在过去曾导致离婚率升高，营养不良的儿童人数增多。无论在哪种情况下，未来的税收都会减少，继而进一步增加美国政府的财政赤字。

为了给后代营造更光明的经济前景，最重要的便是尽快结束这场经济衰退。为了实现这一目标，最可靠的办法之一就是即刻实施大规模的基础设施整修计划。然而，这在强硬的反政府论断引导政治舆论的美国连想都不要想，更遑论实施。

经验表明，相比于我在本书第 1 章中的描述，2012 年的美国政治体制所陷入的困境更加严重。因此，最为紧要的是识别这一现象背后的影响因素。大量证据证明，其中一个因素便是过去 40 年来收入差距的急剧扩大。因为在这期间，美国社会几乎所有的财富都积聚在这个国家的最高收入者手中，如今这个群体拥有了越来越大的影响力。伴随着最高法院的公民联合决议，赞助竞选的富人为了自己的目的而影响公共政策的行为所受的限制，较以往已经大为降低。

表面看来，这些富人所想要的，并且已经成功实现的政策，可以进一步增加他们的收入。针对他们的税率已经大幅下降，对他们企业的管制也更为宽松。这些政策的变化反过来进一步扩大了他们的政治影响力，使他们可以收买更多对自己有利的政策，等等。

选民仍在被大肆灌输这样的观点：税收和管制会对经济造成破坏。基于各种证据，这些观点都是自相矛盾的。尽管存在这样的观点，调查显示，克林顿当政时期的多数选民认为，针对富人的税收应该在现有税率范围内调高。但是这些都没有在政治上得到实现，因为任何一个政党，如若做出这一提议，需获得白宫、众议院多数和参议院超过六成赞成票的支持才能得以实现。如今，面对最富有的竞选赞助者的坚决反对，这种程度的选举变动显然无法实现。该问题造成的影响使这一问题日益难以解决。简而言之，我们似乎陷入了一个无法逃离的怪圈。

然而，出路可能还是有的。关键是要更多地关注这样一个事实：富人收买的政策实际上并没有很好地服务于他们自身的利益。诚然，他们设法获取了国家收入的更大份额，但是有力的证据表明，总体而言，受他们所支持的政策的影响，这些富人的境况变差了。这些政策带来的私人收益比他们先前预想的要低得多，而其带来的间接成本则高得多。

根本问题在于，超过一定程度后，私人支出的整体增加几乎不会带来什么福利的改善。例如，富人用减免的税收建造更大的宅邸，但是当豪宅的面积从原先的 3 000 平方米增加 10%，其首要影响不过是提高了他们所在社交圈中住房面积的标准而已。

相反，增加对各种形式的公共物品的支出，能够为每个人带来确定的收益，这其中也包括富人。例如，相比于布满坑洼的道路，在维护良好的路面上行驶更安全，也更轻松。

当然，为了填补道路的坑洼而提高税收意味着富人在汽车上的花费会减少。但是请你仔细考虑接下来的这个简单的思想实验：假设有这样一个社会情境，所有富人都在维护良好的道路上驾驶价值 15 万美元的梅德赛斯轿车。在另一个其他方面完全相同的社会情境中，每个富人驾驶的是价值 20 万美元的宾利轿车，行驶的路面则布满了一两米深的坑洼。在哪种情境下，富人的整体驾驶体验更好呢？

实验中的第二个社会情境与 2012 年的美国大体类似，但是，如果你像大多数人一样，认为第一个社会情境下的富人满足程度更高，那么随之而来的一个颇具挑战性的问题便是：如果在平坦的路面上驾驶不那么贵的汽车更好，为什么富人们会极力反对为了修护基础设施而提高税收呢？一个合理的解释是，他们不过是对增税的影响存在认知错觉。

税收的增加显然会减少你手中的可支配收入。因此，面对增税的可能性，人们倾向于认为他们未来满足自己需求的能力会下降。然而，一旦收入增加超过一个合理的阈值，人们需要的许多物品就成了经济学家口中的地位物品。

这些物品可能本身就是稀缺的，如豪华的滨海别墅；或者其价值极度依赖于情境，如宝石或性能稳定的跑车。由于地位物品供不应求，只有出价最高的人才能买到。人们倾向于忽视这一简单的事实，从而曲解了增税的影响。

之所以会存在这样的认知错觉，是因为人们在生活中经历的多数财务危机通常来源于仅对他们自己造成影响的事件。例如，他们可能遭遇健康或者工作危机，婚姻可能会破裂，珠宝可能被偷窃，洪水可能会毁坏房屋。每种情况造成的影响都降低了他们对地位物品的购买能力。

绝大多数的财务危机都是由千奇百怪的原因导致的，增税带来的收入下降也会造成类似的影响。但是增税是不一样的。它会影响到所有参与竞购地位物品的人。并且，由于增税会使所有人的可支配收入减少，因此对竞购的结果基本没有什么影响。同一幅油画和同一艘游艇最终还是会落入与增税前同样的人手中。

反对税收和管制可以带来赞助竞选的富人们更想要的结果。但是如果这些人的目标是买一套视野更佳的住房，那他们就要失望了。这样的房子总共就那么多，最后还是会被与减税前相同的人买走，因为减税所提高的是所有人的竞拍能力。

总而言之，当反对税收的富人为竞选提供赞助时，他们买到的只不过是更深的坑洼和更污浊的空气，这些是减税和管制松弛的必然后果。

降低最高税率还会对富人造成许多其他损害。比如，由此导致的赤字使联邦政府削减对基础科学研究的资金支持，即使美国获批专利占全球的比重会因此继续下滑，他们也不得不这么做。削减这类资金会危及美国经济长期繁荣的基础。

赤字还会降低一个国家的安全性。譬如，小布什政府将能源部门的项目资金削减了 8%，该项目的目的是提高苏联遗留下来的防护松懈的核库存的安全性。美国前参议员萨姆·纳恩意图通过私人筹款努力弥补减税带来的损失，结果并不成功。尽管我们有理由担心恐怖分子可能试图在某个美国城市引爆核炸弹，多数集装箱仍然未经检查就进入了港口。

自利是人类强大的动力。只要富人们相信更低的税率对他们有利，他们就会继续资助站在他们这一边的候选人。这会导致收入变得更加不均衡，恶性循环仍将继续。

道德说教者经常大力劝说富人对穷人更宽容一些，想象这会如何轻而易举地改变这些富人的生活。这固然很好。但是更可取的办法则是使人们注意到这样的事实：从纯粹现实的角度来看，如果不是他们自己要坚持改变政策，那些最富有的家庭经济境况原本会更好。

译者后记

我最初是在北大汪丁丁老师的行为经济学课堂上与本书编辑结缘，我们自然是有着对行为经济学的共同兴趣和关注。未承想本书编辑恰好在湛庐文化工作，而彼时负责出版的策划老师正组织本书的翻译，我便经由本书编辑引荐结识了本书策划，并迅速明确合作意向。我一直对英文翻译抱有兴趣，此番得到机会翻译喜欢的领域的著作，我感到欣喜万分。

可以说，接手本书的翻译是机缘巧合，但也顺理成章。这正如我对本书的理解一般：经济学的理性传统与达尔文进化思想相碰撞，催生出了奇妙而合乎情理的反应。在我看来，行为经济学便是在传统经济学条分缕析的枝丫的缝隙之中布入绵密交织的内容物，似是将经济学理性进行了“柔化”处理，使经济学体系更为完整和自洽，这也是行为经济学在我心中的意义所在。

然而，本书在翻译到第 5 章时，由于我本职工作较为忙碌，恐不能如期交付全书译稿，遂在中途邀请了两位北大校友，俸绪娴和康溪馨，来协助翻译。绪娴具有出色的翻译工作背景，溪馨虽读法律，却也十分热衷翻译。于是我们三人便通力合作，协同翻译，进展十分顺利。最后由我完成第1章至第5章的译稿，由溪馨完成第6章至第8章的译稿，由绪娴完成第9章至第12章的译稿。

我很感激能通过翻译此书结识诸位益友，期待未来有机会再次分享阅读和翻译的乐趣，也希望我们的努力可以为行为经济学的普及贡献绵薄之力。

此外，受个人学识和经验所限，不免在领会作者意图、遣词造句等方面有所疏漏，还请读者朋友不吝指正。

王堃

未来，属于终身学习者

我这辈子遇到的聪明人（来自各行各业的聪明人）没有不每天阅读的——没有，一个都没有。巴菲特读书之多，我读书之多，可能会让你感到吃惊。孩子们都笑话我。他们觉得我是一本长了两条腿的书。

——查理·芒格

互联网改变了信息连接的方式；指数型技术在迅速颠覆着现有的商业世界；人工智能已经开始抢占人类的工作岗位……

未来，到底需要什么样的人才？

改变命运唯一的策略是你要变成终身学习者。未来世界将不再需要单一的技能型人才，而是需要具备完善的知识结构、极强逻辑思考力和高感知力的复合型人才。优秀的人往往通过阅读建立足够强大的抽象思维能力，获得异于众人的思考和整合能力。未来，将属于终身学习者！而阅读必定和终身学习形影不离。

很多人读书，追求的是干货，寻求的是立刻行之有效的解决方案。其实这是一种留在舒适区的阅读方法。在这个充满不确定性的年代，答案不会简单地出现在书里，因为生活根本就没有标准确切的答案，你也不能期望过去的经验能解决未来的问题。

而真正的阅读，应该在书中与智者同行思考，借他们的视角看到世界的多元性，提出比答案更重要的好问题，在不确定的时代中领先起跑。

湛庐阅读 App：与最聪明的人共同进化

有人常常把成本支出的焦点放在书价上，把读完一本书当作阅读的终结。其实不然。

时间是读者付出的最大阅读成本

怎么读是读者面临的最大阅读障碍

“读书破万卷”不仅仅在“万”，更重要的是在“破”！

现在，我们构建了全新的“湛庐阅读”App。它将成为你“破万卷”的新居所。在这里：

- 不用考虑读什么，你可以便捷找到纸书、电子书、有声书和各种声音产品；
- 你可以学会怎么读，你将发现集泛读、通读、精读于一体的阅读解决方案；
- 你会与作者、译者、专家、推荐人和阅读教练相遇，他们是优质思想的发源地；
- 你会与优秀的读者和终身学习者为伍，他们对阅读和学习有着持久的热情和源源不绝的内驱力。

下载湛庐阅读 App，
坚持亲自阅读，
有声书、电子书、阅读服务，
一站获得。

图书在版编目（CIP）数据

牛奶可乐经济学 4 /（美）罗伯特 · 弗兰克著；王堃，俸绪娴，康溪馨译 .— 杭州：浙江人民出版社，2020.3（2023.8重印）

书名原文：The Darwin economy

ISBN 978-7-213-09484-2

Ⅰ. ①牛… Ⅱ. ①罗… ②王… ③俸… ④康… Ⅲ. ①经济学—通俗读物 Ⅳ. ① F0-49

中国版本图书馆 CIP 数据核字（2020）第 033729 号

浙江省版权局
著作权合同登记章
图字：11-2019-127号

上架指导：经济学

牛奶可乐经济学 4

［美］罗伯特 · 弗兰克 著
王堃 俸绪娴 康溪馨 译

出版发行：浙江人民出版社（杭州体育场路 347 号 邮编 310006）
市场部电话：（0571）85061682 85176516
集团网址：浙江出版联合集团 http://www.zjcb.com
责任编辑：傅 越
责任校对：姚建国
印 刷：石家庄继文印刷有限公司
开 本：710mm × 965mm 1/16 印 张：18
字 数：217 千字 插 页：1
版 次：2020 年 3 月第 1 版 印 次：2023 年 8 月第 8 次印刷
书 号：ISBN 978-7-213-09484-2
定 价：69.90 元

如发现印装质量问题，影响阅读，请与市场部联系调换。